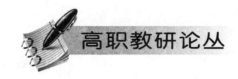

高职院校
实验实训中心建设与管理

GAOZHI YUANXIAO
SHIYAN SHIXUN ZHONGXIN JIANSHE YU GUANLI

◎ 梁建军 著

中国科学技术大学出版社

内容简介

本书重点阐述了实验实训教学、实验实训中心的建设、实验实训中心的管理三个方面的内容。全书共由"实验实训教学"、"实验实训中心建设条件分析"、"实验实训中心建设模式"、"实验实训中心内涵建设"、"实验实训中心的管理"、"实验实训中心建设的探索与实践"六章构成,每章由若干既独立成篇又有一定内在联系的文章组成,其中最后一章介绍了作者单位进行省级示范实验实训中心建设的探索与实践。

图书在版编目(CIP)数据

高职院校实验实训中心建设与管理/梁建军著. —合肥:中国科学技术大学出版社,2011.7

(高职教研论丛)

ISBN 978-7-312-02889-2

Ⅰ.高… Ⅱ.梁… Ⅲ.高等职业教育—实验中心—建设—研究 Ⅳ.G 718.5

中国版本图书馆 CIP 数据核字(2011)第 117275 号

出版	中国科学技术大学出版社
	安徽省合肥市金寨路 96 号,邮编:230026
	网址:http://press.ustc.edu.cn
印刷	安徽省瑞隆印务有限公司
发行	中国科学技术大学出版社
经销	全国新华书店
开本	710mm×1000mm 1/16
印张	11.25
字数	250 千
版次	2011 年 7 月第 1 版
印次	2011 年 7 月第 1 次印刷
定价	25.00 元

前　言

"高等学校教学质量与教学改革工程"(简称"质量工程")是教育部、财政部全面贯彻党中央、国务院关于"把高等教育的工作重点放在提高质量上"的战略部署,经国务院批准实施的重大高校教学改革项目,是继"211工程"、"985工程"和"国家示范性高等职业院校建设计划"之后,我国在高等教育领域实施的又一项重要工程,是新时期深化高校教学改革、提高高校教学质量的重大举措。质量工程体现了以人才培养为中心的理念,体现了内涵发展的理念。正如胡锦涛总书记在庆祝清华大学建校100周年大会上的讲话中所说的那样:"我国高等学校要把提高质量作为教育改革发展最核心最紧迫的任务……强化实践教学环节,形成人才培养新优势……让所有受教育者学有所教、学有所成、学有所用。"

《教育部关于全面提高高等职业教育教学质量的若干意见》(教高[2006]16号)明确指出:"加强实训、实习基地建设是高等职业院校改善办学条件、彰显办学特色、提高教学质量的重点。"作为质量工程建设的一项重要内容,示范实验实训中心建设,其目标就是要以学生为本,树立知识传授、能力培养、素质提高协调发展的教育理念和以能力培养为核心的实验实训教学观念,建立有利于培养学生的实践能力和创新能力的实验实训教学体系,建设满足现代实验实训教学需要的高素质教学队伍,建设仪器设备先进、资源共享、开放服务的教学环境,建立现代化的高校运行管理机制,全面提高实验实训教学水平。为高等学校实验实训教学提供示范经验,带动高等学校实验室和实训基地的建设、开放和发展。

本书正是围绕示范实验实训中心建设的目标,重点阐述实验实训教学、实验实训中心的建设、实验实训中心的管理三个方面的内容。全书共由"实验实训教学"、"实验实训中心建设条件分析"、"实验实训中心建设模式"、"实验实训中心内涵建设"、"实验实训中心的管理"、"实验实训中心建设的探索与实践"六章构成,每章由若干既独立成篇又有一定内在联系的文章组成,其中最后一章介绍了笔者单位进行省级示范实验实训中心建设的探索与实践。

梁建军

2011 年 6 月

目 录

前言 ……………………………………………………………………………… I

1 实验实训教学 …………………………………………………………… 1
   1.1 实验实训教学的目的 …………………………………………… 2
   1.2 实验实训教学的意义 …………………………………………… 3
   1.3 实验实训教学的特点 …………………………………………… 4
   1.4 实验实训教学的功能 …………………………………………… 6
   1.5 实验实训教学的原则 …………………………………………… 7
   1.6 实验实训教学的类型 …………………………………………… 10

2 实验实训中心建设条件分析 ………………………………………… 16
   2.1 实验实训中心的地位与作用 …………………………………… 16
   2.2 实验实训中心建设的目标与任务 ……………………………… 19
   2.3 实验实训中心建设的指导思想 ………………………………… 22
   2.4 实验实训中心建设的基本原则 ………………………………… 23
   2.5 实验实训中心建设应具备的基本条件 ………………………… 26
   2.6 实验实训中心建设团队的组建 ………………………………… 28
   2.7 目前实验实训中心建设中存在的问题 ………………………… 34

3 实验实训中心建设模式 ……………………………………………… 40
   3.1 实验实训中心建设模式分析 …………………………………… 40
   3.2 合作共建：实训中心建设的"双赢"之路 …………………… 42
   3.3 专业设置与实验实训中心建设 ………………………………… 49
   3.4 教学模式与实验实训中心建设
       ——以"教学做合一"教学模式为例 ……………………… 51
   3.5 课程改革与实验实训中心建设——以项目化课程教学改革为例 …… 54
   3.6 多元化实验实训中心建设的思考 ……………………………… 59

4 实验实训中心内涵建设 … 63
4.1 实验实训中心内涵建设的内容 … 63
4.2 "双师型"教师队伍建设 … 70
4.3 实验实训教学体系建设 … 75
4.4 实验实训教学的考核与评价 … 82

5 实验实训中心的管理 … 89
5.1 实验实训中心的常规管理 … 89
5.2 实验实训中心设置模式分析 … 95
5.3 实验实训中心管理模式改革 … 99

6 实验实训中心建设的探索与实践
——以滁州职业技术学生物化工实训中心为例 … 109
6.1 省级示范实验实训中心建设的探索与实践 … 110
6.2 抓住评估契机,全面推进实训中心的建设与管理 … 121
6.3 生物化工实训中心信息化管理的探索 … 127
6.4 ISO9000 在生物化工实训中心的应用研究 … 131
6.5 生物化工实训中心实行"6S"管理的实践 … 140
6.6 低碳理念下化学实验室的管理 … 145
6.7 高职化工类专业学生职业素养培养的思考与探索 … 150
6.8 高职化工类专业学生职业素养培养的实践 … 155
6.9 高职应用化工技术专业实践教学体系的构建与实践 … 158
6.10 高职化工类专业"一主多元"实践教学模式的探索与实践 … 164

参考文献 … 170

后记 … 173

1　实验实训教学

实验实训教学是使学生加深对专业理论的理解,获得包括职业技能、技巧和职业道德的职业从业能力,并具有自我发展能力,从而全面完成教学任务,实现培养目标的一种实践活动。它是与理论教学相对应的一种教学活动,是实践教学的重要组成部分。

根据实验实训教学任务的不同,可将其分为:以获得职业实践能力为主的实验实训教学;以获得实际知识为主的实验实训教学;以验证或运用理论知识并使学生形成一定能力为主的实验实训教学。它们是在实验室或实训现场,根据实验实训教学的要求,在教师的指导下,通过学做结合、手脑并用,以获得感性知识与技能、提高综合能力为主要目的的教学形式。高职院校的实验实训教学主要包括:实验、练习、教学实训、生产性实训、毕业实习、课程设计、毕业设计等教学形式。这些形式与课堂的理论教学形式相比,更能体现学生的主体性、教学的开放性、指导的个体性和目标的多样性。职业教育的明显特征是培养目标的应用性、专业设置的职业性和教学过程的实践性。

当今,高职院校的实验实训教学,正在改变着过分依赖理论教学的状况,建立和理论教学平行而又相互联系,但又具有相对独立的实验实训教学体系。实验实训教学已在教学计划中占有相当的比重和地位,并正在及时地、不断地吸收科学技术和社会发展新成果,以构成新的实验实训教学体系。实验实训教学通过不断改革正在逐步形成基本实践能力与操作技能、专业技术应用能力与专业技能、职业实践技能与综合职业能力有机结合,并通过职业技能鉴定取得职业技术等级证书的实验实训教学体系。

1.1 实验实训教学的目的

高职院校虽然各专业的业务领域不同,培养目标和具体要求不同,实验实训教学的内容和方法不同,但就实验实训教学的目的而言,如下 4 点是基本的和有共性的。

1. 技能技巧的形成

职业技术人才必须具有一定的操作技能,并达到一定的熟练程度,取得初步的技术经验,才能胜任岗位技术工作。劳动力并不是抽象的,总是同一定的技术、经验联系的,技能技巧如何形成,无疑要通过实验实训教学加以训练。如应用化工技术专业的学生,通过化工企业的顶岗实习,掌握正确操作化工机械设备和有关仪器仪表的技能,获得现场作业的基本知识以及化工安全生产知识,形成某一工种的操作专长,就是通过实验实训手段获得的。

2. 应用能力的发展

高职院校培养的人才如何,最终要通过实际工作的业务能力来衡量学校的教学质量。综合运用知识的技能和应用能力,无疑也要通过实验实训教学才能得以培养和发展。如通过到化工企业定向实习,可使应用化工技术专业的学生形成从事化工产品生产、营销的能力。尽管这些业务能力是初步的,但却是毕业生走上工作岗位后能很快熟悉企业环境和从事实际业务工作的起点。

3. 思想品德的提高

合格的职业技术人才,必须具备良好的思想品德素质和职业道德修养,才能胜任岗位工作,而实验实训教学则是实施德育的重要渠道。如在市场营销专业的顶岗实习中,可着重对学生进行热忱为他人服务的职业道德情感教育;在财会专业的岗前实训中,可着重对学生进行职业纪律教育等。

4. 物质产品的生产

高职院校的实验实训教学,除培养人才外,还要结合实验实训内容,尽可能生产出实验实训产品(生产性实训),既节约了实验实训成本,同时又为社会创造财富。如应用化工专业结合实验实训教学,生产香皂、胶水;烹饪专业结合实训教学,开办实习餐厅,烹制出精美的菜肴;服装设计专业,结合实习实训,设计制作出款式新颖、工艺精良的服装等。

1.2 实验实训教学的意义

实验实训教学,是实现高职院校培养目标,形成办学特色的主要途径;是培养适应社会需求、具有综合职业能力与适应能力的技能型人才的主要手段,其具体意义主要体现如下。

1. 培养学生良好的品质和职业道德

要想完成实验实训教学任务,学生须付出艰苦的劳动。比如,为掌握一个准确得体的动作须排除多种干扰因素,进行多次训练,除细心、耐心和信心外,还需坚忍的毅力和勇气,更须能经受失败与挫折。因而,它会使学生的意志得到锻炼,形成良好的意志品质。实验实训教学不仅能使学生进一步理解职业的涵义,认识职业的意义,增强职业的情感,感受劳动的价值,从而形成敬业、乐业和爱业精神,而且能使学生懂得职业纪律,遵守职业公德,爱护公共财物,形成特定的职业道德,并能养成尊重别人、热爱集体、学会与他人合作协调、获得与人和睦相处、珍惜他人劳动成果的良好品德。

2. 理解巩固专业理论知识

实验实训教学不仅可为学习专业理论知识提供感性认识,而且通过手脑并用的方式,重温、验证、运用课堂上所学的理论知识,从而能加深、巩固和强化所学的理论知识。特别重要的是,实验实训教学还能了解、学习和掌握课堂上没有和难以学到的职业实践知识。

3. 有助于学生获得新知识

教材往往具有一定的滞后性,其教学内容常常是在几年前甚至几十年前总结出来的,而当今世界新技术、新工艺、新设备、新材料层出不穷、日新月异。通过实验实训教学，可使学生在实训车间、工作现场向各行各业的师傅、专家、工程技术人员学习，获得教材中没有的新思想、新知识、新方法、新技术。

4. 发展学生的职业能力

实验实训教学可形成和发展学生的动作技能和心智技能，并开发人的潜能，从而形成多种能力，特别是职业能力——从业能力、适应能力和创业能力。实验实训教学是形成和发展学生动作技能的基本途径，是使学生达到形成动作技能这一目的的教学形式、方法和手段；实验实训教学也是形成和发展学生心智技能的重要手段，它可培养学生的注意力、观察力、记忆力、思维力和想象力，并在实践活动中锻炼学生分析问题和解决问题的能力，形成多种职业能力。

5. 进一步激发学生的学习兴趣

在实验实训教学活动过程中，学生总会碰到一些理论或技术上的问题，他们会带着这些问题去重新学习、思考，从而提高其思维积极性或增进其学习某些专业知识的兴趣。这种积极性和兴趣比课堂理论教学时由语言所激发的热情更具有主动性、持久性和深刻性。

6. 提高职业教育的社会经济效益

通过实验实训教学，很有可能将实验实训，特别是生产性实训成果转化为有一定价值的产品或商品，使其产生一定的经济效益；同时，通过实验实训教学为社会服务，可使其所在的班级、专业、系部和学校赢得良好的社会声誉，从而能够取得一定的社会效益。

总之，只有认真组织、安排各个阶段的实验实训教学，才能使学生有效地掌握职业实践所需要的职业知识、职业技能，才能形成良好的职业道德和可持续发展的能力，不断提升学生自身的职业竞争力。

1.3　实验实训教学的特点

因为专业与学科的不同，实验实训教学有着不同的教学目标、课程体系和评价方法，但它们均存在着开放性、综合性、创造性等基本特点。

1. 开放性

相对于封闭的课堂理论教学，实验实训教学在目标、内容、过程、时间、空间、师生关系、结果以及评价标准等方面都具有较为充分的开放性。这种开放性保证了学生能够自主活动、学习，能够充分发展其个性和创造潜能。

2. 综合性

人的个性、素质具有整体性，其发展往往是在复杂多样的环境下，多种知识交互影响中，通过对知识的综合运用而不断探究世界与自我的结果。实验实训教学有多种项目，它为学生提供了一个丰富多彩的、综合化的育人环境。在这样的环境下，学生的专业技能、综合职业能力和素质，特别是适应高新技术和岗位群的能力、应变能力与素质等能够得到全方位的锻炼和提高。

3. 体验性

在实验实训教学中，学生通过亲身经历，用眼睛看，用耳朵听，用手操作，用脑子思考，用心灵感悟，使学习过程不仅是增长知识和掌握技能的过程，同时也是身心和人格健全与发展的过程。实验实训教学的体验性特征使学生的学习不再仅仅属于认知、理性范畴，它还能使高职生在情感、人格等领域也得到较好的发展。

4. 独立性

实验实训教学要求每个学生都要动手，独立完成一定的学习任务，以培养他们独立工作的职业技能和能力。即使是在分组的情况下，学生也应互相帮助，分工合作或轮流担当主要操作者，力争每个学生都能得到充分的训练。因此，实验实训教学为学生创造了一个独立学习、活动、工作的良好环境。

5. 自主性

实验实训教学强调学生自主性的发挥，并为其提供了有利的条件。除了一些规范性的操作技能外，实验实训教学尤其是课程设计、毕业设计等，充分尊重学生的兴趣、爱好，在选题、形式、时间、过程、方法等方面有很大的自由度，为学生自主性的发挥开辟了广阔的空间。在实验实训教学中，教师一般处于辅导地位，主要进行个别辅导，而不进行系统性的传授，起着引导、鼓励、帮助、评价、促进等作用。

6. 创造性

实验实训教学营造了一个具有较强的独立性、自主性、体验性、开放性、综合性的教学活动环境，它为学生提供了大量的创造活动的机会，为其创造力的发展提供了极为有利的先决条件。比如设计、科研、社会实践等，不是盲目的或低层次简单重复的训练，它们都在不同程度上要求学生能够应用一定的理论知识创造性地解决具有一定难度的实际问题，使学生的创造性思维、创造性人格在解决问题的过程中得到较好的锻炼。

综上所述，实验实训教学是高职教学的一种重要形式，它所创设的教学情境或环境具有开放性、综合性、体验性、独立性、自主性、创造性等显著特征。认识这些特性，对于正确理解、把握实验实训教学的内涵、本质，深入探讨高职实验实训教学的育人功能是很有帮助的。

1.4 实验实训教学的功能

1. 理论与实践相结合——"学做合一"

实验实训教学要以理论指导实践。高职院校的实验实训教学，要建立在掌握有关概念、原理、工艺规程的基础上，以学到的专业理论知识指导实践。只有真正掌握并能有效运用相关的理论知识，才能在实验实训中得心应手，才会在实践中有所创新。只有在实验实训中坚持理论指导实践，才能把学到的理论知识转化为技能技巧，转化为实训活动的直接经验，真正实现"学做合一"。

在实验实训教学中，还能通过实训巩固所学的理论知识。实训是获得知识的源泉之一，是发展智力的基础，是培养技能的关键。高职院校的实验实训教学，只有使实训活动紧密围绕相关理论知识展开，才能使理论知识获得坚实的实践基础，使理论知识得以巩固、丰富和发展。

2. 脑力劳动与体力劳动相结合——"手脑并用"

在实验实训教学中，要善于动脑思考。每一项操作训练，都是以理论知识为指导，每遇到一个问题，都必须给予理论上的解释，因此，必须付出一定的脑力劳动。

实验实训中的每一项操作训练又都要直接动手去做，每一道工序都要经过一定的操作才能完成，因此，它又要付出一定的体力劳动。"手脑并用"，使脑力劳动与体力劳动有机结合，是实验实训教学的突出特征。

3. 培养技能与全面育人相结合——"授业传道"

实验实训教学过程中，一方面着眼于巩固理论知识，培养操作技能，形成熟练技巧，完成"授业"任务。同时，也是一个通过实践对学生进行多方面教育的综合教育过程，具有"传道"功能。通过实验实训，可以增进学生对所学专业和未来职业的了解，培养他们热爱专业的思想情感和学好专业技术的坚定信心，可以使学生形成热忱为人民服务的职业道德情感，养成严格遵守职业道德的习惯，一丝不苟地履行职业职责。同时，还可以使学生在环境、设施与实训内容中产生美感体验，直接受到美的陶冶和感化，从而培养丰富的审美想象力，以及对美的造型、结构和组织能力。

4. 教学与生产相结合——既出人才，又出产品

高职院校的实验实训教学，有时要结合一定的生产、工作任务进行。现在有许多院校都在开展生产性实验实训，这样既锻炼了学生的实验实训能力，又完成了一定产品的生产。所以，实验实训教学过程，既出人才——在实训中开发学生的智力、发展能力、提高技能、增强体质，实现劳动力增值；又出劳动产品——在满足教学需要、保证教学质量的前提下，生产出实训产品，节约了实验实训成本，增强了学校自我发展的能力。

1.5 实验实训教学的原则

实验实训教学主要有以下原则。

1. 科学规范原则

科学规范原则是指在实验实训教学过程中，从目标确定、组织管理、技能传授和训练，到考核与评价，都要规范化、科学化。各个环节都要符合实验实训教学规范。只有坚持这一原则，才能实现实验实训教学的根本目标，才能使学生掌握适应

生产的科学规范的技能技巧。

贯彻科学规范原则,一要使实验实训计划科学规范,使实验实训教学内容、进度和要求明确、具体。二要使实验实训场所管理科学规范,对实验实训环境、工具使用、设备保养做出明确的要求。三要使实验实训准备科学规范,耗材准备既要讲求使用效果又要勤俭节约;课上准备既要完成教学任务,又要尽量简化实验实训环节。四要使实验实训考核科学规范,制定科学的考核标准,采取行之有效的考核方法,坚持技术考核与全面衡量相结合。五要使实验实训教学方法科学规范,注意从学生的实际出发,采取多种多样、合乎科学要求的教学方法,促进学生把知识转化为技能的进程。

2. 直观示范原则

直观示范原则是指在实验实训教学过程中,实验实训指导教师借助实物、模型、图片、图表、设备、材料等直观性器具,通过示范操作,引导学生认真观察动作的发生和变化过程,使他们获得清晰的感受或视觉形象,从而掌握操作技能的方法和要领。只有坚持这一原则,使学生从直观感受中形成鲜明的表象,明白"做什么"、"怎么做"、"为什么",才能为学生掌握熟练的操作技能打下良好的基础。

贯彻直观示范原则,一要使实验实训指导老师从思想、物质、技术等方面做好直观示范教学的准备,特别要制作、收集和设计好各种直观教学演示材料;二要妥善安排直观示范程序,根据教学规律,使慢速示范、分解示范、要点示范、匀速示范、纠偏示范交替进行;三要使示范操作动作准确、技术娴熟,教学语言简明清晰、生动形象;四要在示范操作中,集中学生的注意力,指导学生认真观察模仿,使视觉和动觉紧密结合,收到良好的直观教学效果。

3. 循序渐进原则

循序渐进原则是指在实验实训教学过程中,根据本专业或工种操作技术内在的序列和学生认识过程的规律,使实验实训教学内容由易到难、由低到高、由简到繁、由抽象到具体、由具体到综合,逐步深化。只有坚持这一原则,遵循认识规律,有序进行,才能使学生形成扎实的技能和技巧。

贯彻循序渐进的原则,一要明确技能训练的结构体系,挖掘各实验实训环节的序列和内在联系;二要有计划、有系统地安排实验实训教学内容,使技能训练纵向相互衔接,横向彼此呼应;三要采取切实有效的考核验收措施,使学生分阶段、由浅入深、由近及远地形成技能;四要处理好基本功训练、单项操作训练与综合工序训练的衔接。

4. 结合生产原则

这一原则是针对生产性实训的,是指在实验实训教学过程中,在保证完成教学任务的前提下,实现教学与生产、育人与效益的有机结合。只有坚持这一原则,正确处理实验实训教学与实验实训效益的关系,才有助于培养出合格的技术人才,才能发挥职业教育的优势。

贯彻这一原则,一要使实训的产品与实验实训课题相结合,选择适应教学需要的生产性实验实训产品;二要使教学组织与生产组织相结合,协调产品生产计划与实验实训计划,原则上要根据实验实训计划来安排生产;三要使教学管理和实验实训中心管理相结合,既要严格执行学校实验实训教学的各项规章制度,又要参照企业班组管理制度和经验,把企业车间管理引入到实验实训中心来,加强对学生实验实训的管理与考核;四要使学生掌握操作技能与完成一定的生产任务相结合,既引导学生扎扎实实地掌握实际操作技能,又能培养学生吃苦耐劳的敬业精神,增强学生毕业后的岗位适应能力。

5. 安全文明原则

安全文明原则是指在实验实训教学过程中,要保证良好的实验实训教学秩序,严格按照操作规程进行训练,使学生逐步养成安全文明实训的良好习惯。只有坚持这一原则,才能提高实验实训教学和实训产品的质量,才能为学生在未来的工作岗位上做一个文明的企业员工打下良好的基础。

贯彻安全文明的原则,一要教育学生树立安全第一的思想,增强文明实训的意识,使学生认识不文明是可耻落后的表现;二要使学生掌握安全实训、文明实训的规范要求;三要引导学生对设备进行经常性的检查、保养和维修,使实验实训教学设备保持良好的性能;四要建立健全有关实验实训管理规章制度,采取必要的作业安全和劳动保护措施。

1.6 实验实训教学的类型

高职院校的实验实训教学,根据专业的不同,可分为多种类型。

1.6.1 按教学内容分类

1. 实验教学

实验,是学生在教师的指导下,利用一定的设备、仪器和材料,在一定条件控制下,引起实验现象或过程的变化,从观察、测定和分析这些变化而获得直接知识和实验技能,进而促使理论与实践相结合的一种实践性教学形式。实验是学生获得感性经验的重要途径,是形成、发展、检验理论知识的实践基础。实验可把一定的直接知识同书本知识联系起来,还可培养学生独立探索能力、实验操作能力和科学探究兴趣。可见,实验是高职院校教学中培养学生实验技能、改变能力结构的重要环节。

实验按时间的不同可分为学习理论知识前取得感性认识的实验、学习理论知识后验证性实验和巩固知识的实验,以及培养实验技能和提高实验能力的实验。按目标的不同可分为定性实验、定量实验、析因实验、模拟实验、模型实验等。在现代教学中,为加强能力的培养,更加重视学生独立操作和设计的综合实验。所以,高职院校的实验教学也可分为如下几种:

(1)演示性实验。它是教师在教学过程中所进行的表演性或示范性实验。

(2)观察性实验。它是通过细微、系统、反复地观察研究对象的位置、分布、状态、运动等现象,寻求其特有规律和本质的实验。

(3)验证性实验。它是理论联系实际的一种表现,可使学生深入地理解和巩固所学的理论知识。

(4)操作性实验。它使学生在学会各类参数的测试方法的同时,能正确而熟练地使用、检验最基本的仪器设备,能独立安装和调试一些常用的、简单的仪器设备,能排除常见故障,维修一般仪器。

(5)设计性实验。它是在教师的指导下,让学生根据实验目的和要求,进行实验设计(确定方案、安排步骤、选择方法)并独立操作,直至完成全部实验,处理实验结果,写出实验报告。

(6)分析性实验。它是侧重于训练学生对实验现象和实验结果进行定性分析和定量分析的实验。

(7)综合性实验。它是蕴含多方面知识、多学科内容、多因素要求的复杂程度较高的教学实验。

(8)探索性实验。它是学生在不知晓实验结果的前提下,通过自己实验、探索、分析、研究得出结论,从而形成科学概念的一种认知活动。

2. 课程设计

课程设计是指学生在教师指导下运用一门或几门课程的知识与技能,解决具有一定综合性问题的一种实践性教学形式。高职院校部分基础技术课、专业课规定有课程设计,它是该课程教学的重要组成部分,是对学生进行某一方面或某一部件的技术基础能力的训练。一般安排在相关理论教学结束后集中两周左右的时间,以不同于课堂教学形式进行。高职院校除了课程设计以外,还有接近于课程设计的制图测绘和大型作业。尽管它不如课程设计那么全面,但从教学形式上看,却和课程设计大体相同,可称为课程设计的初级形式。

课程设计要求学生能综合运用本门课的知识,学会使用工具书,从而培养学生分析问题和解决问题的能力。课程设计的具体任务因课程的需求而异,一般包括三部分:①进行设计和计算;②绘图和编制工艺文件;③编写说明书——经济效果论证等。课程设计的主要任务是运用有关的知识技术处理好各种因素的相互关系,创造性地完成符合生产实际要求的设计任务,并主要培养学生三方面的能力:一是独立运用理论知识和实际材料解决问题的能力,二是组织参考书和其他有关文献所提供的论点和材料的能力,三是用通顺的文字或准确的图表系统地表达设计成果的能力。

3. 毕业设计

毕业设计是指学生综合运用本专业知识、技能和技术,有一定创见地设计出解决实际问题的一种实践性教学形式。毕业设计是技术类专业以及需要培养设计能力的专业或学科的应届毕业生的总结性独立作业。从教学形式上看,毕业设计和课程设计相似,但毕业设计是综合应用学生所学的各科理论知识和技能,按照专业培养目标规定的业务要求,进行全面的、系统的、严格的、综合的能力训练;它更强调结合生产,具有实用性;它是对学习成绩总的检查,对改进教学工作起反馈调控作用。毕业设计具有综合性、独立性、探索性的特点,是对学生实际独立工作能力的综合检查,也是评定学生毕业成绩的主要依据之一。

毕业设计的任务也有课程设计任务的几个方面,但要求比课程设计更高,更重视用理论知识来分析和解决技术问题,对主要环节尽量作定性分析,把设计方案建立在更科学的基础上。如绘图,更重视遵守国家标准和我国已采用的国际通用标准,一切图形、文字、符号的标注都应更加规范;再如,说明部分还要注意生产管理和提高经济效益的问题,甚至涉及环境保护、"三废"处理等方面的问题。

1.6.2 按教学目标分类

1. 教学实训

教学实训是指在教师的指导下,使学生运用某一技术基础或专业基础课程的知识与实际相联系,以增强感性认识、验证某些理论、提高某些技能、了解与本专业有关的基本操作方法和在生产劳动中接受思想教育的一种实践性教学形式。它为学习专业理论知识提供基础。它通常在学校的实验实训中心进行。目前,各高职院校的实验实训中心都担负了双重任务,既培养人才又出产品;既重经济效益又重社会效益,故有的学校把教学实训称为专业劳动。

教学实训的主要任务有:①使学生掌握本专业中某一主要工种的基本操作技能,能够正确地调整和使用该工种(或工序)的通用设备及其附件等,能根据零件图和工艺文件独立地进行中等复杂程度的加工;同时,也了解与本专业有关的几个工种(或工序)的基本操作方法。②使学生获得本专业基础知识,为学习专业理论知识做准备。③组织学生严格地执行实训计划,保质保量,注意安全,文明实训,完成规定的任务。④培养学生的职业情感、职业道德、职业意志以及尊重他人、与他人合作的良好品质。

2. 生产实训

生产实训是指在基本上完成实验实训教学和学过大部分基础技术课之后,到专业对口的现场直接参与生产过程,综合运用本专业所学的知识和技能,以完成一定的生产任务,并进一步获得感性知识,掌握操作技能,学习企业管理,养成正确劳动态度的一种实践性教学形式。生产实训有顶岗实训和轮岗实训两种。这是高职院校实践性教学的重要形式,它是教学实训的继续、扩展和提高。它与教学实训不同点在于两者的身份、活动范围和要求不同:①学生在教学实训中是以劳动者的后备身份出现,而在生产实训中是以准劳动者的身份出现。②教学实训所要掌握的是某一工作(职业岗位)的基本操作技能,它通常是单个的、零碎的;而生产实训要求学生综合运用这些单个的、零碎的基本操作技能,使其在运用中成为整体,进而能完成一定的生产任务。③教学实训不要求学生掌握生产过程和辅助生产过程,而生产实训则要求学生了解这些内容。④教学实训可在校内实验室进行,也可在生产现场进行;而生产实训则只能在生产现场进行。

生产实训的主要任务有:①了解企业的基本生产过程和辅助生产流程,了解产品的设计程序和生产工艺的内容和步骤。②对与所学专业对口的、先进的或典型的工艺过程,深入了解其所用设备、工艺装备、加工方法、检测技术等;深入了解其设计思想、主要性能、关键材料、安装工艺、调试技术等。③了解企业的管理情况,如组织机构、人员构成及其主要职责,学习企业管理特别是现代企业管理的基本知识、制度及运行机制。④学习企业员工的劳动态度、职业道德及爱岗敬业精神,感受企业文化等。

1.6.3 按教学项目分类

1. 基本功训练

这是操作技能训练的初级阶段。包括常用工具、仪器使用训练,基本操作动作的训练。通过训练不仅要掌握动作要领、操作姿势和科学的操作方法,还要掌握动作的力度、幅度、准确度等。

2. 认识见习

一般根据教学项目的需要,安排在低年级进行。通过到企业生产(工作)现场参观等方式来实现。旨在使学生对未来工作情境和学习内容有所了解,获得某些感性认识,扩大学生的知识视野,增进理论与实际的联系。

3. 工序练习

由各种单一的练习操作配合而形成的工艺过程的一个完整动作练习。旨在使学生把已学过的操作知识和技能应用于实践。

4. 综合操作实训

这是巩固、提高和综合运用单项工序操作技能、技巧,使学生逐步达到熟练程度的训练。旨在使学生运用已掌握的知识、技能和技巧,按实训要求,通过一定的训练,形成能完成一定实训任务、独立进行较复杂工艺操作的能力。

1.6.4 按教学时间分类

1. 阶段实训

这是按照理论教学和实验实训教学计划的要求,根据各专业(工种)操作技能、技巧的形成规律,由易到难、由简到繁、由部分到整体,划分几个不同阶段的操作训练。一般分为3个阶段:①掌握局部动作的基本功训练阶段;②初步掌握完整动作的综合操作阶段;③动作更协调、更完善的独立操作阶段。

2. 毕业实习

这是毕业前对学生的知识、技能进行全面检查的综合实践锻炼阶段。它应安排在学完全部课程后,旨在培养学生独立地综合运用专业知识和操作技能,解决生产技术问题和组织生产的能力。它是高职院校教学过程的又一重要实践性教学环节,同时也往往是与毕业设计(论文)相联系的一个准备性教学环节。

1.6.5 按教学场所分类

1. 模拟实训

在校内模拟实训场所(如模拟化工厂车间、模拟宾馆、模拟病房、模拟银行、模拟法庭等)进行的模拟性操作训练。进行复杂的技能训练时,为防止损伤设备、浪费材料、节约开支、保护环境,甚至保障人身安全,可在模拟的条件下,进行模拟性实训(如化工仿真实训),以掌握某些生产要领。模拟实训可进行器物模拟、环境模拟、人物模拟等。

2. 顶岗实训

顶岗实训是学生在生产、管理、服务等岗位上独立完成工作任务的一种实训。它通常在高职三年学习的最后一学期进行,要求学生按照生产现场的岗位规范,履行其职责,在专业技术人员的指导下完成相应的生产实训任务。旨在进一步提高操作熟练程度、解决实际问题的能力和职业心理的成熟度。

3. 定向实训

定向实训是为已确定毕业去向的学生(主要是订单培养的学生)在用人单位的生产现场所安排的实训。旨在使这些学生毕业后能迅速顶岗,缩短学校教学与实际工作之间的距离。定向实训内容应由学校与用人单位共同商定,宜安排在生产实训后期进行。

1.6.6 按经济效益分类

1. 生产性实训

这是相对于消耗性实训而言,既育人又完成一定生产任务并有一定经济收入的实训活动。它可以创造财富,补充办学经费,又可使学生对学习效果产生满足和欢乐,增强继续学习的动力。

2. 消耗性实训

这是单纯为实现教学要求而不结合生产任务,需消耗能源及材料的校内实训。它能按学生的认识规律和技能形成规律,有效地组织训练,使学生获得应有效果。但由于耗费的材料较多,应尽量减少单纯消耗性实训。

上述分类仅是对高职院校实验实训类型的大体划分,实际上实验实训类型之间存在诸多归属和交叉关系,很难做到准确划分。

2 实验实训中心建设条件分析

目前,各高职院校都纷纷建立了为数不等的校外实训基地。校外实训基地的建立,虽能弥补校内实验室对学生训练的不足,但是一般的企业难于接纳大批量的学生实训并给以辅导,而且以生产任务和经济效益为目标的生产企业难于做到以学生为中心的技能训练和能力培养。由此可见,以培养高素质、高技能人才为目标的高等职业教育急需加强建设既能为学生提供技能训练,又要紧跟现代社会科技、生产、服务、管理发展前沿的实践训练场所——校内实验实训中心。本章就是针对实验实训中心建设条件进行分析。

2.1 实验实训中心的地位与作用

高职院校实验实训教学是在学校能控制的状态下,按照职业教育人才培养规律与目标,对学生进行职业技术应用能力训练的教学过程,是高职院校教学过程的一个重要环节。实验实训突出了职业能力的训练,具有实验中"学校能控"、实训中"着重培养学生职业技能"的显著特征。高职院校的实验实训教学环节主要依托于特定的环境,包括师资、场地、设备及技术支持等。实验实训中心是实验实训教学过程实施的实践训练场所,它可使学生接触受训所需要的各种软、硬件要素,即技术、人员与设备支持,是高职院校实践教学资源的重要组成部分,是学生巩固理论知识、训练职业技能、全面提高综合素质的实践性学习与训练平台。实训中心除了作为实验实训教学、职业素质培养、职业技能训练、师资培训等平台外,还是开展教学改革、科学研究、就业指导、社会服务等工作的多功能场所。本书讨论的实验实训中心不包括校外实训、实习基地,主要是由校内若干个实验室、实训工厂等组成,是某一专业或专业群开展实验实训教学与职业素质训导、职业技能训练与鉴定及高新技术推广应用的主要场所。它在职业院校的地位和作用主要有以下几点。

1. 突显实验实训这一职业教育的重要特征

职业教育是一种以职业能力培养为基础的教育,教学过程的重要特征是"实践性、开放性和职业性",其中"实验、实训、实习"是三个关键环节,也是培养技能型人才的客观要求。职业院校的学生,特别是高职高专的学生,与一般普通高校学生的明显区别是有较强的实践动手能力,职业教育人才培养的多数环节须在实验实训过程中完成,甚至许多公共课程和专业基础课程都离不开实验实训环节,因此,实验实训中心是培养学生实践动手能力的主要场所。

2. 是实现职业院校与企业"零距离"对接的纽带

国外职业教育发展趋势和我国职业教育发展现状表明,职业院校实验实训中心建设,要大力提倡走校企、校所(研究所)、校场(农场)等共建联办的道路。共建联办对于职业院校来说,可以节省投资,使其在资金有限的条件下实现高起点建设、低成本管理和高效率运营,有利于共建双方实现优势互补、资源共享、互利双赢。通过共建联办实训中心,大大加强了校企(所、场)双方的联系和合作,有利于高职院校与市场的技术发展保持同步,有利于职业院校与企业"零距离"对接。

3. 是实现学生与职业岗位"零距离"融合的桥梁

(1) 为学生提供知识向能力转化的场所

知识是能力的基础,在工作中人的知识与能力是相辅相成的,但能力与知识二者并不等同,需要有一个知识向能力转化的过程。实验实训中心为理论与实践的结合提供了训练的场所,帮助学生从"懂了"走向"会了"、从"有所知"走向"有所为"。

(2) 拓宽学生的专业知识面

能力是不可能完全通过课堂教学的形式传授,尤其是专业知识和职业能力,需要在各种实践性环节中获取。通过在实验实训中心的综合技术训练,可拓宽学生的专业知识面。

(3) 创造职业岗位的实践环境

职业岗位知识与能力是技能型人才必须掌握和具备的基本知识与能力。为了强化学生分析和处理问题能力的培养,实训中心创造了一个生产现场模拟训练或真实训练的实践环境,让学生自己动手进行设计和操作,熟悉并掌握本行业的主要仪器设备和基本工具,以及生产工艺、基本技能、专业技术等,有助于实现学生与职业岗位"零距离"融合。

(4) 接触与学习高新技术

当今社会高新技术产业发展日新月异,而对激烈竞争的市场,只有了解与掌握最新的技术,才能适应社会及行业发展的需要。这就要求实验实训中心既要跟上企业技术水平的发展,又要体现出技术起点高、技术含量大、技术先进的特色,以使学生能够涉及高新技术领域,接触和学习高新技术。

(5) 提高职业素质和综合能力

实验实训中心可以在爱岗敬业、团结协作、吃苦耐劳、遵纪守法、安全生产、环境保护和工程技术素质等方面对学生进行"养成教育",为他们今后走上工作岗位及可持续发展奠定基础。

(6) 培养创业精神和创新能力

职业教育注重培养学生的创业精神和创新能力,通过参加实验实训操作、产品制作、项目实施和科技创新等一系列模拟训练,既可培养他们的创业精神和实践能力,又可激发他们的创造性和创新思维,使创造的欲望转化为能力,甚至能点燃学生将来创业的思想火花。

(7) 有助于拓宽学生的就业渠道

学校与企业合作建立校内生产性实训工厂,学生在最真实的环境中实训,可以按照企业的要求最大程度地提高自己的职业素养,最大程度满足企业的用人要求。特别是当学校与企业建立了稳固的合作关系之后,企业还可能长期接收合作院校的毕业生,实现"订单式培养"。学生职业素质的增强和"订单式培养"有利于促进学生顺利就业。

4. 是培养"双师型"教师的重要载体

实验实训中心建设和管理离不开教师的参与和支持。在按照产学研相结合的要求建设和管理实训中心的过程中,教师承担着重要的任务和职责。实训中心建设和管理的过程,既是教师展现自身才华和智慧的过程,也是教师锻炼和提高实践能力、增长实践本领的过程,不失为培养锻炼"双师型"教师的一条有效途径。另一方面,通过实训中心建设和校企合作,可以把企业生产一线的工程技术人员、能工巧匠吸收到兼职教师队伍中来,充实学校的师资力量。

2.2 实验实训中心建设的目标与任务

研究实验实训中心建设,最基本的目的就是确保建成后的实验实训中心能够在教学活动和社会服务方面发挥应有的作用,其建设目标主要体现在以下几方面。

2.2.1 建设目标

1. 较高的实训条件

一流的专业必须有一流的实训场所,一流是指具有高实用性、高技术含量、高性能价格比的实验实训设备。高科技含量包含计算机技术(如仿真实训)、网络通讯技术、控制技术、图形显示技术,各实验实训室能够做到共享网络资源。高职院校的专业设置通常涵盖了那些缺乏实际操作人才的高新技术行业和岗位,而与之配套的实训中心建设应注重技术设备的先进性,充分运用现代新技术集成先进的器件和设备,做到适度超前并留有可发展的空间。

2. 高素质的"双师型"队伍

不论实验实训设备多么先进,如果没有教学水平高、实践能力强、懂得管理方法、乐于施教的高素质师资队伍参与实验实训中心的规划、建设、管理与设备维护及对学生的实验实训指导,也发挥不出实验实训中心应有的功效。高职院校的实验实训中心既是技术或技能型人才的培养基地,也是高职院校教师的成长基地。解决"双师型"素质的问题,固然可以安排教师去企业进行专业实践或职业岗位培训,但由于目前的一些客观条件和体制等问题,往往阻力重重,效果也不尽如人意。如果让这些教师在实训中心进行自我培训,在实训中学,在实训中教,相对而言要比去相关企业来得更快、更有针对性和实效性。

3. 丰富的内涵建设

实验实训中心的内涵建设主要根据中心所涵盖的专业情况,开展实验实训教学目标体系建设、实验实训教学内容体系建设、实验实训教学管理与保障体系建设、实验实训教学考核与评价体系建设等。在目标体系建设方面,根据各专业的性质和行业特点,吸收企业或行业协会的技术骨干为本专业的"专业建设指导委员会"成员,请他们从职业岗位的需要出发,确定工作能力目标。在内容体系建设方面,构建一个与理论教学体系融为一体,同时又相对独立的实验实训教学体系,是保证高职实践教学质量的关键,也是高职教育特色所在。鼓励开发一些自编实验实训教材(校本教材)或讲义,或开发一系列培训项目等。在管理与保障体系建设方面,以"企业化管理,市场化运作"为指导思想,形成一个良好的校内实验实训中心运作机制,建立规章制度,优化中心结构,建立质量监控体系,实现科学管理。在考核与评价体系建设方面,应在考核内容、考核体系、考核目标、考核形式、考核要求等方面上加强建设。

4. 服务地方经济

由于实验实训中心贴近社会职业环境,应该把对社会开放作为实验实训中心建设的一个目标,使实验实训中心成为社会职业培训、岗位技能考核和职业技能鉴定的场所,也可以作为继续教育的基地。通过实验实训中心服务社会功能的发挥,可以促进职业院校与社会的进一步联系,并能在服务中得到社会的支持。以服务求支持,以贡献求发展,是高职院校走进社会并求得生存与发展的必然选择。

2.2.2 建设任务

实验实训中心建设的目标具体体现在其建设的任务上。

1. 满足专业实践教学

高职教育的目标就是培养合格的高素质、高技能型人才,实验实训是极其重要的实践教学环节,能使学生在学校学习期间就接触到本行业的新技术、新工艺,因此专业实践教学功能应是实验实训中心的基本功能。实验实训中心应能根据实验实训教学大纲和计划开出所要求的公共基础课、专业基础课和专业课等的实验实训,能够对学生进行专业岗位基本技能训练、模拟操作训练和综合技能训练。

2. "双师型"师资队伍培养

职业技术教育的突出特色就是使其培养的学生掌握最新的实用技术和较强的技术应用能力,要培养这样的学生就必须有更高水平的教师。只能讲不能练,没有实践经验的教师不可能培养出实践动手能力强和解决实际问题能力强的学生。高职院校教师的知能储备要更为全面,且具有较高的专业技术应用的实践能力,是搞好实践教学工作和教学改革的关键。为此,教师可以在实训中心不断地进行自我培训,实现其实践能力的转变和提高。通过在实验实训中心培训,不仅可以打破理论课和实践课教师的界限,促进教师本身实践能力的提高,而且还使教师能够在教学中把这一能力再转化给学生。

3. 职业资格技能培训与鉴定

国家劳动部门要求各个工种职业岗位实行持职业资格证上岗制度,因此,培养学生的职业资格技能也是高职院校办学的基本出发点之一。实验实训中心最有资格成为职业资格证书的培训点和考试点,目前国家劳动部门一般都在职业院校设有职业技能鉴定所(站)。在这种情况下,高职院校的实验实训中心应具备职业资格技能培训能力,充分发挥职业技能鉴定功能,并努力取得较好的社会效益和经济效益。

4. 产学研训相结合的场所

科研工作是高职院校提升办学品位、树立学校良好形象和增强学校办学实力不可缺少的因素;是高职院校自我发展的内在动力,是学校上水平、上质量、上品牌的重要手段和途径之一;是高职院校教师专业发展的需要。实验实训中心建设必须体现科研功能,应能为教师提供良好的科研环境。实验实训中心不仅要有优良的科研场所、先进的仪器设备,同时还应具备有利于科研工作开展的管理体制。高职院校的实验实训中心可以与一些实力较强的企业进行产学研合作,通过建立长期合作关系,强强联合,实现优势互补,加强校企合作、工学结合,实现校企双赢,既为企业人才的培养、技术能力的提升提供运作的平台,也为职业教育建立校外高水平的实训基地,还为高职学生的课堂与实践教育结合创造良好的实训环境。充分发挥实验实训中心的功能,把实验实训中心建设成产学研训相结合的场所,为实验实训中心可持续发展创造条件。

5. 承担对外技术服务的任务

通过对外技术服务,高职院校可以提升自身在社会上的声誉和地位,并给学校争取到额外的办学资金。通过对外技术服务,能够促进高职院校教师专业技能的发展,丰富教师专业知识,提高教师职业教育能力。通过对外技术服务,学校与企业的联系更加紧密,社会对人才的要求和生产发展的动向可以及时地反馈到学校来,学校根据这些信息调整教学,使职业技术教育改革能更及时、更准确地反映经济的发展和社会的进步。通过对外技术服务,学校也及时将科技方面的成果及学校办学的有关信息与社会沟通,有利于科技向生产力转化。实验实训中心对外技术服务是多方位的服务,包括培养技术人员和直接完成服务项目。所以,它既是对外信息交流的窗口,也是对外服务的基地。实验实训中心应建立对外技术服务的管理体制与机制,充分利用自身的各种资源,开展有效的对外技术服务工作。

2.3 实验实训中心建设的指导思想

高职院校的实验实训中心建设必须以我国高等职业教育科学的办学思想为指导。我国"以服务为宗旨,以就业为导向,走产学研结合的发展道路"的高等职业教育指导思想和"培养面向生产、建设、管理、服务第一线需要的高素质、高技能人才"的培养目标,决定了高等职业教育实验实训中心建设,必须以学生职业能力培养为目标,以服务实践教学为核心,必须与地方经济相结合,与生产实际相结合,与学生技能培养相结合。高职院校必须根据国家高等职业教育指导思想和培养目标,提出以实验实训中心建设为重点,全面促进能力培养的实践教学思想。同时,实验实训教学工作,应立足于地方经济、行业发展和学生技能培养,积极加强实验实训中心建设,营造良好的实验实训教学氛围。

1. 实验实训中心建设必须与高职教学的组织原则协调一致

实验实训中心主要完成专业基础能力训练和较多的专业技能训练项目。①中心建设的依据是培养目标中的专业能力项目和能力标准;强调中心的硬件是为软件服务的,是为培养目标中的能力培养项目及其标准服务的。②实训设备应是产业或行业已经开始使用,并且能够代表本行业技术应用发展趋势的设备,三至五年内能体现较先进的技术水平;强调设备的功用和效能,把握"必需"和"够用"之间的关系,寻求恰当的功能价格比和数量效率比,不一定越贵越好、越先进越好、越多越好。

2. 把握好校内实验实训中心与校外实训基地建设的互补关系

中心的结构与布局要适用于专业实践教学组织;适合学生的学习特点,并与学生职业能力的提高规律相适应;要以能力训练为主,淡化原理性验证。实验实训中心主要完成基础能力训练和部分在校外不宜实施的专业关键能力训练;校外实训基地以完成职业环境、职业规范方面的训练为主。因此,必须把握好校内实验实训中心、校外实训基地建设的互补关系。

3. 以改革创新的思路建设实训中心

改革传统的实验、实习、实训模式,推动教学模式和课堂教学的改革,促进学历教育与职业资格证书的衔接,加强"双师型"教师队伍的建设,推进职业教育与职后培训的沟通。要和职业教育课程教材改革、重点专业建设紧密结合。加强校企结合,吸引社会各方面的力量参与实训中心的建设。

2.4 实验实训中心建设的基本原则

实验实训中心建设原则是指导实验实训中心建设的基本要求与准则。有了科学原则的指导,实验实训中心建设就不会偏离目标。

1. 先进性与实用性相统一的原则

高职院校的实验实训中心建设必须具有丰富的高科技内涵和跟踪技术前沿的特征,具有一定的先进性,教学场地的构建、设备设施的配备、管理模式的构建等都应具有一定的前瞻性,能够代表本行业技术应用发展趋势,尽可能体现专业领域的新技术、新工艺,三至五年内能体现先进的技术手段,使学生在实训过程中,学到和掌握本专业领域先进的技术路线、工艺路线和技术实际应用的本领,达到高等职业技术人才培养目标层次逐步高移的要求。

但是,强调先进性,也不能盲目追求高、精、尖、洋。过分超前的先进性,是脱离实际的,也会造成不必要的资源浪费。先进性的前提是其实用性。先进的设备是给学生训练用的,使用频率高,要求设备必须安全、方便、可靠、实用,学生通过在中心训练,能够很好地掌握当前企业生产技术、工艺标准和管理要领。进行实验实训中心建设时,应根据每一个专业发展的方向,对相应专业最新发展技术进行调研,在相关行业专家和学院技术骨干参与的情况下,对实验室、实训室建设方案中涉及的技术和设备进行充分的论证,使实训室添置的设备尽量与目前较先进的企业使用的一致,这样既可避免中心刚建成就落后的现象,又能体现其实用性。

2. 全真性与仿真性相统一的原则

实验实训教学的主要功能是实现课堂上无法完成的技能操作,有目的、有计划、有组织地进行系统、规范、模拟实际岗位群的基本技能操作训练。因此,实验实训中心应当尽可能贴近生产、技术、管理、服务第一线,努力体现真实的职业环境,让学生在一个真实的职业环境下按照未来岗位对基本技术技能的要求,得到实际操作训练和综合素质的培养。但考虑到实验实训的成本问题,随着现代软件技术的飞速发展,有许多实验实训可以采用仿真技术加以实现,这就是实验实训中心建设的仿真性原则。

根据这一原则,实验实训中心建设需要考虑以下问题:

其一,从厂房建筑、设备采购、管理水准、人员配置和要求、标准化以及安全等方面模拟或接近职业环境,充分体现生产现场的特点,具有针对性很强、数量和场地足够、与社会上实际的生产和服务场所尽可能一致的实训工位。

其二,按照未来专业岗位群对基本技术技能的要求,对学生进行实际操作训练,帮助学生专业技能、技巧的形成,培养学生的技术应用能力;同时要具有可供训练的反复性,能给学生创造反复训练的机会,使学生在反复训练中不断提高技能熟练程度。

其三,实训中心的结构与布局应使先进的设备适用于专业实践教学组织,适合学生的学习特点,并与学生专业能力的提高规律相适应,使实训教学贴近高科技企业的实际,更适应迅猛发展的高新技术对人才的要求,适合以能力训练为主,体现现代高技术的设计性实验和紧跟现代社会发展前沿的综合性生产训练,淡化原理性验证,具有较强的实用性。对于那些不能搬进实训室的大型流水线和重型设备应进行模块化、模拟化、仿真化处理,使之既具备实物的一切特征,又能放在实训室里作为训练对象;既有助于教师的讲解,又能使学生感受到以往课堂上无法感受到的那种职场氛围。应该指出的是,高职院校实验实训中心建设遵循"仿真"而不是"全真"性原则,是由于学校教育有别于企业生产现场的缘故。如果按照"全真"性原则进行实验实训中心建设,除了学校缺乏实力之外,就是有能力建成一个小型工厂，也不见得能够保证进行有效的实训教学。

3. 消耗性与生产性相统一的原则

目前高职院校的实验实训中心大都存在原材料消耗过多、资源利用率不高的现象。实训中心一般设备台套数都较多，而仅靠校内学生实习、实训环节的课时数无法使其有高的利用率，这本身就是一种资产的浪费。这种消耗性实验实训无疑增加了办学成本。利用实训中心搞生产，把教学与生产有机结合起来，让其产生一定的社会效益和经济效益已是实验实训中心建设的一种发展趋势。利用实训中心搞生产可高效利用实训中心资源，将实训中心工厂化，在满足学生实习、实训的前提下，既充分利用了中心的设备资源，也产生了一定的经济效益，为实训中心的稳步发展提供了资金保证，能有效促进自身建设。

当然，这里的"生产"不光是某种产品的生产，也包括那些利用实训中心来产生经济效益、降低实训成本的活动，如为社会提供技术服务、资源共享、职业资格的鉴定、企业技术人员的培训等。高等职业教育是新时期面向全社会的教育，高职院校实训中心必须在为社会服务、资源共享方面担负起一定的职责。

4. 系统性与重点性相统一的原则

实训中心建设的依据是产业、行业、企业等提出的培养目标中的能力项目和能力标准。强调中心建设（硬件）是为软件服务的，是为培养目标中能力培养项目和标准服务的。因此，整个实训中心建设要有系统的观念，要遵循系统性原则。在实施中注意处理以下问题：

其一，考虑充分利用有限资源问题。在教育资源有限的条件下，实训中心建设应当考虑最大限度地节约资金，尽可能使所建设的实训中心具有较强的适用性，能进行多学科的综合实训，相关专业（群）尽可能通用。

其二，考虑软硬件配套要求。实训中心建设必须使相关的教学硬件和软件配套，以提升实训中心的内涵水准。硬件建设是指实训设施和装备的建设，软件建设是指实训中心管理和实训教学体系的建设，包括管理体制、管理方式和管理手段的创新，也包括教师培养、课程体系建设以及教学组织管理的创新等。

其三，考虑实训的多功能要求。实训中心的功能应包括高等技能型人才培养，职业技术教育师资培养，终身教育与创业教育培训，职业技能培训、考核、鉴定，高新技术开发、应用、推广等。因此，实训中心建设必须统筹规划，进行多功能设计。

当然,实训中心建设是高职院校教学建设中的高投入项目。在经费困难的情况下,更要坚持突出重点,把实训中心建设同基础性建设结合起来,集中力量重点建设一批与学院优势专业、重点专业教学要求相适应的实训中心。

5. 独立性与共享性相统一的原则

新形势下高等职业教育的实训中心在环境和总体设计上要具有开放性,做到资源共享。就是说,实训中心不仅要为本专业或专业群提供训练,同时也为校内其他系部、相关专业提供基本技能训练,还要为社会提供多方位服务,成为对外交流的窗口和对外服务的基地。实验实训中心应尽量按照产业群或技术大类集中布局和建设,不应强调与所设专业的一一对应。这样既可避免设备的重复购置,做到资源共享,提高投资效益,又可保障设备配套齐全和达到相当规模。面对高等职业教育专业设置多样化的现实,能紧跟市场需求形势变化而灵活增减,既可强化实训中心对新增专业的适应能力,又可促进技术交叉发展并提高研发生产的综合能力。

共享性还表现在各职业院校之间以及学校与企业、社会的职业教育和培训机构通过实训中心建立相互依存、相互协作、共存共赢的关系。为此,一方面高职院校的教育资源要朝着更有利于职业、技术人才培养的目标进行整合与优化,各个院校的教育资源要向社会开放,充分实现教育资源社会共享,使每个职业学校的教育资源得以充分利用和配置,提升办学能力。另一方面,企业、行业、社会和学校的职业教育资源有效整合,形成大职业教育发展的格局,避免重复投资、低效利用,其中包括实训中心建设、设备更新、职校教师专兼职、就业公共服务体系建设等。目前,我国大部分地区并没有真正形成校企合作的环境和机制,从而呈现职业教育(培训)资源分散、实训中心重复建设、设施与设备闲置问题严重、信息未互通、办学(培训)效益低等问题。

2.5 实验实训中心建设应具备的基本条件

1. 科学的指导思想

高职教育实验实训中心建设必须以我国高等职业教育科学的办学思想为指导。我国"以服务为宗旨,以就业为导向,走产学研结合的发展道路"的职业教育指导思想和"培养面向生产、建设、管理、服务第一线需要的高素质、高技能人才"的培养目标,决定了高等职业教育实验实训中心建设,必须以学生职业能力培养为目标,以服务实践教学为核心,必须与地方经济相结合,与生产实际相结合,与学生技能培养相结合。

高职院校必须根据国家高等职业教育指导思想和培养目标,提出以实验实训中心建设为重点,全面促进能力培养的实践教学思想。同时,高职教育的实践教学工作,应立足于地方经济、行业发展和学生技能培养,积极加强实验实训中心建设,营造良好的实践教学氛围。

2. 完善的规章制度

要想实验实训中心能正常运转,必须要有各类严格的规章制度作保障。由于各实验室不同,工作管理的对象也就不同,在管理制度上就会有较大的差别,但在不同实验实训中心,以下几方面是共同需要的:仪器设备的购置、验收;实验仪器设备的使用、保管;实验室低值品、易耗品和消耗品的管理;实验仪器设备保养、维修;实验室仪器设备的借用、损坏赔偿;实验仪器设备报废;多媒体教室、计算机机房管理;兼职教师管理;技术资料的管理;实验实训中心的安全管理;学生实验实训管理等。只有管理到位,实验实训中心才能发挥其应有的作用。

3. 合理的建设规划

建设高水准实验实训中心,总体规划非常重要。高水平的总体规划不但要考虑学校所处地理位置、环境和地缘条件,要为区域经济和行业服务,使培养的学生有好的去处;还要考虑超前技术、创新试验与科学研究,使受训者在这个中心内既能进行一般的技能训练,又可以从事一些有创新性质的实验和研究,使实训中心不但出人才,而且出成果。总之,实训中心总体规划要力争具有"开放性、先进性、兼容性、可组态性、扩展性、通用性"。

4. 足额的经费投入

多年的实践经验告诉我们,要建设高水准的实训中心,花费的资金肯定不是小数目,而资金往往是限制实训中心先进性的关键因素。目前,国内高职院校实训中心建设相对滞后,问题也在于此。因此,高职院校实训中心建设必须把经费筹措作为重点工作来抓,在资金筹措上改变以往由政府拨款的单一模式,积极探索学校自筹、社会融资、企业赞助等多渠道筹集资金、共同投资的方式,充分发挥政府、高校与企业三方面的优势,建成学校、企业共同投资、资源共享的高标准实训中心。

5.必要的人员配备

实验实训中心建设团队是实训中心建设的重要技术力量,要根据教学和科研的需要,努力建设一支结构合理、相对稳定的实验实训教学和管理队伍。主要有实验实训中心的管理人员、实验实训中心的技术人员、教辅人员、专任教师等。实验实训中心可根据需要设置若干实验室或实训室并配备专职或兼职实验实训人员。

6.稳定的"双师型"队伍

如果说足够的场所和先进的设备是实训中心必备的硬件,那么既懂理论又懂实践的"双师型"教师队伍则是实训中心发挥其功能的必需软件,是实训中心建设的关键。各高职院校一方面要增加专业教师中具有企业工作经历的教师的比例,安排专业教师到企业顶岗实践,积累实际工作经历,提高实践教学能力。同时还要聘请一定数量的企业技术人员和能工巧匠到学校担任兼职教师,不断扩大兼职教师比例。一支数量充足、结构合理、专兼搭配、动态稳定、完全能够胜任教学科研工作需要的实验实训技术队伍对实训中心来说是十分必要的。

2.6　实验实训中心建设团队的组建

在高等学校尤其是研究型大学中,为了促进科技创新的高水平发展,纷纷组建科技创新团队。一些高校为了创建一流教学,也开始组建教学团队。这种做法也值得高职院校在建设实验实训中心时参考借鉴。高职院校在实验实训中心建设过程中,除了广泛发动群众,依靠全体教职员工外,还应当考虑组建实验实训中心建设团队,以保证实验实训中心建设初期能按时、按质完成建设任务,在实验实训中心运行过程中能发挥更大的作用。

所谓团队,是一种为了实现某一目标而由相互承担责任的人组成的群体。团队的优势实际上就是能够产生 $1+1>2$ 的效应,能够比个体更多、更快地获得信息,能够想到个体所不能想到的问题,做到个体所不能做到的事情,适应个体所难以适应的环境变化,达到个体所不能达到的创新高度。

2.6.1 实验实训中心建设团队组建的要求

实验实训中心建设团队组建的要求主要有以下五个方面。

(1)团队带头人

带头人是实验实训中心建设团队的核心。建设团队的带头人除了具备出色的专业知识和技能外,还应是本实验实训中心在某一专业领域的权威,能够站在本学科的发展前沿,并且具备较强的领导能力和组织协调能力。善于整合与利用社会资源,通过有效的团队管理,形成强大的团队凝聚力和创造力。能及时跟踪产业发展趋势和行业动态,准确把握实验实训改革方向,保持实验实训中心建设的领先水平;能结合校企实际,针对实验实训教学的特点,制定切实可行的团队建设规划和教师职业生涯规划,实现团队的可持续发展。

(2)专兼结合的制度保障

通过校企双方的人事分配和管理制度,保障行业、企业兼职教师的来源、数量和质量以及学校专任教师企业实践的经常化和有效性;根据专业(群)人才培养需要,学校专任教师和行业、企业兼职教师在团队中发挥各自优势,分工协作。

(3)"双师型"结构的队伍组成

主要由学校专任教师和来自行业、企业兼职教师组成,以实验实训中心建设作为开展校企合作的工作平台,开发、设计和实施实验实训中心建设方案,在实验实训教学和社会服务方面具有一定的成效。

(4)人才培养

在实施工学结合人才培养过程中,实验实训中心建设团队成为校企合作的一个纽带,通过学校文化与企业文化的融合,实验实训教学与生产劳动及社会实践的结合,将实验实训中心管理延伸到企业,保障学生实验实训的效果,实现高技能人才的校企共育。

(5)社会服务

依托团队人力资源和技术优势,开展职业培训、技能鉴定、技术服务等社会服务,具有良好的社会声誉,并能产生一定的社会效益和经济效益。

2.6.2 实验实训中心建设团队组建的原则

由于实验实训中心建设团队的组建是作为高职院校实验实训中心建设的一种

创新,在实践和理论探讨上都还处在开创阶段,对构建原则这类问题的探索也刚开始。大体有以下五个原则:

(1)实验实训教学与科研相结合的原则

实验实训团队的建设应当与科研工作紧密结合,采取措施激励有企业实践经历、操作技能水平高、学术造诣深的优秀教师进入建设团队,利用他们在学术和实践中的优势,发挥传帮带作用,培养学生的实践能力。

(2)团队建设与课程建设、专业建设相结合的原则

团队成员既要参与实验实训中心建设,又要参与课程改革和专业建设。反对把二者对立或脱离。

(3)突出实践技能培养的原则

树立具有时代特征的教育质量观,注重学生知识、能力、素质的协调发展,培养学生创新精神、实践能力、自学能力、交流能力、团队意识和社会适应能力。

(4)注重师德建设的原则

团队教师应当具备高尚的师德风范,爱岗敬业,勇于实践,不计得失,乐于为实验实训中心建设服务。

(5)团队水平整体提升的原则

落实建设团队的教师培养和梯队建设工作,提升建设团队的整体教学与科研水平,并发挥示范和带头作用。

2.6.3　实验实训中心建设团队的工作内容

从实验实训中心建设和发展的角度出发,实验实训中心建设团队担负着实验实训中心建设、管理、技能型人才的培养、实践教学改革、校企合作、技能鉴定、社会服务等任务,具体内容包括:

(1)实验实训中心建设方案的规划论证

实验实训中心的总体规划对实验实训中心建设是非常重要的。建设团队要充分调研企业的现场生产实际和未来发展前景,保证实验实训中心建设的职业性、真实性、专业应用性和技术先进性。同时,还要组织校内外专家进行多轮论证,每个实验室的论证最好能由3～4名校外专家和3～4名建设团队成员组成论证小组,论证通过后方可进行建设;要参与立项、论证、实施、监督、竣工、验收和考核等一系列工作。

(2)参与仪器设备的招标、采购等工作

提供各实验室仪器设备的技术参数、使用条件、安装要求;招投标技术标书的制定;参与仪器设备的接收、验收、安装、调试工作;参与仪器设备及物品的管理、维护、核定和检修工作;积极开展仪器设备的改造、研究和自制工作,不断提高仪器设备的配套使用率。

(3)参与制度建设,完善技术细节

为提高实验实训中心设备的利用率,要制定和完善一系列规章制度,实现资源的优化配置与共享,切实保证实验实训教学正常有序和设备安全运行无事故;参与"双师型"教学团队建设,聘请企业生产技术人员、能工巧匠参与实验实训中心建设;要根据教学计划的安排,负责对实验实训项目的管理及实验实训教学质量的检查和监控;负责实验实训教学条件、教学经费和在用设备的统计、汇总等。

(4)实验实训课程建设

实验实训课程建设是建设团队的重要任务,包括优化实验实训课程体系,扩大实验实训课程资源,协调不同实验实训课程之间的关系,并从提高团队所承担实验实训课程的教学质量入手,在实验实训课程标准、教学内容、教学方法和手段、主讲教师等方面下工夫,在国家精品课程、省级精品课程、校级精品课程上突出实验实训特色。

(5)实验实训教材建设

教材是课程的具体化,是教学内容体系的呈现方式,是为学生提供的范例性知识系统、教育信息和教学要求的载体。建设团队要结合专业自身发展的阶段和特色,积极承担各种类型的实验实训教材建设项目(包括实验实训指导书的开发和技能考核标准的制定),鼓励教师编写符合本院实验实训条件和符合本院实验实训中心实际的校本实验实训教材,使高质量教材、新教材、自编特色教材不断充实到实验实训教学中。

(6)实验实训教学改革立项项目建设

实验实训教学改革立项项目建设也是建设团队的任务之一,应予以高度重视。建设团队要开展实践教学模式、实践教学制度、实践课程体系、实践教学内容和教学方法、实践课程考核方法、实训教材建设和教学评价等方面的学术研究,巩固、提高实验实训教学质量。高质量地完成实验实训教学改革研究项目,重点培育和争取校级、省级、国家级实验实训教学改革项目。

(7)实验实训教学手段现代化建设

优秀的建设团队要在充分利用现代化教育资源、采用现代化实验实训教学手段和推进实验实训教学手段、教学方法改革等方面走在前面,例如多媒体教室、仿真实训室、实践教学录像、实验实训中心网络化建设等。

2.6.4 实验实训建设团队的运行

1. 以实验室建设项目为载体组建建设团队

这主要有两种方式:一是参与学院新建实验实训项目而组成的团队,团队成员积极参加实训室建设与管理,获得实验实训教学的第一手资料,同时对新引进的仪器设备进行深入研究,发挥仪器设备的各种功能,积极探索校企合作项目等。二是积极申报实验实训教学研究项目(如示范实验实训中心建设项目),在申报实验实训教学研究项目中组建团队。在团队的组建过程中,要注意形成老中青搭配、职称和知识结构合理的团队梯队。团队成员在教学技能、实践经验和教研能力方面要有一定的梯队差别,以实现优势互补、共同发展、共同提高。

2. 发挥团队带头人的引领作用

合适的团队带头人是实验实训中心建设团队成功的关键,是团队的灵魂和核心。选择一个既有实验实训工作经验又有人格魅力和一定学术水平的合适带头人是实验实训中心团队建设的前提。作为团队的核心人物,其所承担的职责非常重要,主要有:熟悉高职实验实训教学特点、规律和发展趋势,有较强的实践意识,有明确的实验实训改革和建设思路、目标;能有效地组织和协调完成团队承担的建设任务,采取得力的措施提高实验实训的教学质量;规划组织实验实训教学研究,主持实验实训项目申报,主持实验实训教材编写,领导实验实训课程建设;在实验实训教学方法和手段的改革方面起主导作用;品德高尚,治学严谨,具有团结、协作精神和较好的组织、管理和领导能力,关心青年教师的成长,给予团队成员个人成长、发挥的空间,培育实验实训教学骨干和实验实训管理人员。

3. 适时提出团队目标

目标是团队的灵魂,一个团队从组建开始就必须有明确的目标,只有明确的、共同的、远大的目标才可以引领团队成员作为一个整体协调统一地向前发展,产生更大的工作效益。基于实验实训中心建设团队的任务,从专业(群)建设和学生规模、提升实验室建设与管理水平、提升实践教学能力、锻炼和培养高水平实训队伍、整合教学资源、社会服务、校企合作等多方面定位团队建设的目标。

另外,团队人员规模和团队成员构成也是影响团队健康发展的重要因素。团队理论认为,一个有效团队的规模应在 2~16 人。实验实训中心建设团队的规模,应根据团队负责人的素质、成员对团队负责人和相互间的认同程度、实验实训中心建设任务目标及时间要求等因素来确定,一般以团队负责人 1 人,成员骨干 4~6 人,总人数 10 人左右为宜。

2.6.5 实验实训中心建设团队有效运行的保障机制

1. 健全制度,形成制度化的建设团队

高职院校实验实训中心建设团队是一项对人才资源要素、教学资源要素进行重新整合、优化配置的系统工程。加强制度建设,使建设团队形成一个稳定的、健康发展的团队。有了健全、规范的制度,即使核心人才流失,也不会较大地影响整个建设团队系统运行的稳定性,建设团队的建立和发展不因人而变。尤其要形成沟通与合作机制,团队成员之间通过集体参与论证建设项目、观摩实践教学、交流实验实训管理经验等多种方式,在教学评价、团队规划、教学资源共享等各层次进行沟通与合作,实现团队中知识、经验、教学资源的共享和增值。

另外,学院在专业带头人、教学名师、教坛新秀等的评审中,甚至在职称评审中要考虑到申报人的实验实训经历,比如将是否参与实验实训教学、是否参与实验实训中心建设等作为一个硬性条件,引导激励教师积极参与实验实训中心建设。

2. 注重培育团队精神

团队精神是团队的灵魂,是团队成员为了团队利益和目标而相互协作、尽心尽力的意愿和作风。如何用团队精神培育能够团结人、鼓舞人、吸引人、激励人的建设团队,已成为高职院校加强实验实训教师队伍建设的重要课题,可以从以下两方面入手:①营造互信的团队氛围。信任是合作的开始,也是团队管理的基础,在团队内部,只有大家能够相互尊重、彼此理解、相互信任,相互尊重彼此的知识、技术和能力,尊重彼此不同的观点和意见,才能使团队成为优秀技术人才的黏合剂,真正形成有效的团队合力。②协作与沟通。协同合作是团队精神的核心。只有发挥协同合作精神，使各成员的矢量和最大化，以实现建设团队的整体目标，为此，需要通过创设团结协作的实验实训氛围，从而激发团队成员的主动性和创造性。

3. 明确目标，构建合理的利益取向

在确定目标、构建利益取向时，应以实现团队整体利益为前提，充分体现团队成员的个人意志与利益，只有这样，才能够为团队成员指引方向、提供动力，让团队成员愿意为它贡献力量，以实现整个团队绩效的最大化。例如，可以通过申报实验实训教学研究项目、实验实训教学研究成果奖等，为团队成员提出明确的努力目标，从而构成共同的利益取向以调动整个团队的工作积极性。在教师个人发展方面，一方面，"双师型"教师的成长，需要有经验的老教师"传、帮、带"；另一方面，老教师也需要在与青年教师的知识共享中更新观念和知识，包括一些新的仪器设备的使用、现代化的教学手段的应用等。对于青年团队成员的培养，明确提出一年入门、三年上路、五年成骨干的目标，要制定切实可行的培养计划。对于中年教师，不断向他们压担子，提供各级各类的教育教学交流，参加实验实训设备展览会、实验实训教师培训等，促使他们成为团队骨干。对于老教师，要充分利用他们所具有的丰富的实践教学经验和实验室建设经验，鼓励和支持他们为实验实训中心建设献计献策，充分挖掘自身潜能，并让他们带动和帮助青年教师尽快成长。这样，青年教师在成长中产生了归属感，中年教师在收获中产生了成就感，老年教师在自豪中产生了满足感，因而都能以建设团队的发展为己任，不断做出努力与奉献。

2.7 目前实验实训中心建设中存在的问题

由于历史的原因以及一些客观条件的制约，目前高职院校实验实训中心建设还存在如下一些问题。

2.7.1 实验实训中心建设目标的偏离

高职院校的办学目标即是为生产建设第一线培养"下得去、留得住、用得上"的高素质高技能专门人才，实验实训教学是实现这一目标的重要保证。然而，许多高职院校受普通高校学科本位主义的思想影响，实验实训中心的建设目标出现了偏差,没有完全按职业技能培养目标设置技能培训,其建设也只是为了满足理论课教学内容的需要。有的甚至纯粹为了"支撑门面",根本发挥不了实训中心应有的作用,学生缺乏真正意义上的"实践经验",满足不了社会需求。

1. 许多学校办学指导思想不很明确

我们知道,高职教育是一种以培养学生的职业技能为主旨的教育,既具有高等教育的属性,又具有职业技术的属性。"高职教育的基本特征应该是,不追求理论知识的系统性、完整性,而强调实践能力的综合性、实用性。高职教育培养的学生应在具有必备的基础理论知识和专业知识的基础上,重点掌握从事本专业技术领域的基本能力和基本技能。"然而,由于我国长期以来所形成的传统教育观念的影响,高职院校仍然沿袭传统的教育模式,在教学内容方面重理论、轻实践;以理论教学为主,把实践教学放在次要位置,体现不出高职特色,甚至将高职教育办成了压缩式的普通本科教育。如此,势必导致其培养的学生缺乏实践技能,实际动手能力不强,不能满足社会对高职人才的需求,使高职教育偏离办学初衷。有些院校虽然意识到实验实训教学的重要性,但对实验实训教学的理解存在偏差。比如,一些高职院校仅仅把实验实训教学视为培养学生技能的手段,而忽略了实验实训教学在学生的知识、能力、素质培养方面的综合作用,从而影响实验实训教学功能和作用的发挥。

2. "实验实训"角色定位不当

脱胎于中等学校的众多高职院校,一方面受自身条件的限制,另一方面受学科型高等学校的影响,并没有完全把握与理解高等职业教育类型特色的真正内涵,很多高职院校或有意或无意地忽视了高职教育的实践性与职业性。体现在对"实验实训"的角色定位上,仍然将"实验实训"定位为教学的辅助部分,而没有将其界定为教学的重要成分。"教学的辅助部分"与"教学的重要成分"不仅有字面意义的区别,更有教学理念、思想观念上的区别。

3. 政府部门的引导和调控作用发挥得不够充分

实验实训中心建设还需要政府在财政和政策上进一步支持。目前有些地区因引导和调控不力,导致各学校、各专业分散建设和重复建设,实验实训中心和设备利用率均较低,使用、管理和维护成本过高,效益低下,没有建立协作和共享机制。

2.7.2 实验实训中心建设总体条件不足

1. 实验实训设备闲置，利用率低下

一些高职院校为了应付高等职业院校人才培养工作水平评估，在较短时间内盲目投入大量资金，成批购置先进教学设备，提高设备生均值，而实际上由于没有实践指导教师或其他原因，一些设备从未用过或使用率很低，设备闲置半年甚至一年以上的都有；政府招标采购的设备，没有考虑学校个性需求与批量产品之间的差异，引进来的设备无人会用，或者花了十个功能的钱只有五个功能有用，严重浪费了设备资源，很多"实验实训"资源异化为"观摩对象"，成为上级领导、兄弟院校参观考察的摆设。极其荒谬的是，"设备闲置"与"设备不足"两个相对立的问题却经常在同一所高职院校同时存在，这几乎成为了高等职业教育实验实训中心建设与管理中的一个悖论。出现实验实训设备闲置、利用率低下的主要原因在于：没有真正意识到高等职业教育人才培养模式改革的重点是教学过程的实践性、开放性和职业性，实验、实训、实习是三个关键环节；没有领会到强化学生专业基本技能、提高学生职业实操技能是加强实验实训中心建设的目的所在，而投入资金购买设备与软件只是改善实践教学条件的一个方面，不能将其视为达到目的的唯一途径。

2. 学校的硬件设施有所欠缺

很多高职院校实训中心条件差，设备陈旧、数量不足，实训内容和设备的高新技术含量不多，甚至是生产线上存在过时、淘汰的设备，缺少实用的重要设备。

资金紧缺是实验实训中心建设与发展的瓶颈。首先，发达国家的统计数据表明，职业教育成本是普通教育成本的 2.5 倍，实验实训中心建设对经费投入的需求很大，需要较大的资金投入，学校没有足够的财力支撑。我国高职院校多为新建院校，其中很大部分是由专科学校、职工大学、教育学院、中等专业学校通过"三改一补"等途径合并组建而成的。这些院校本身办学基础普遍较差，改制后，又恰逢高等教育大发展时期，实训中心建设跟不上学校发展的速度。独立设置的高职院校多为地市举办，它的发展往往受地方财政的影响。一些地方政府只给学校人头费，不足以支撑实验实训教学的正常开展。加之绝大多数高职院校自身的"造血"能力不强，根本拿不出足够的资金去添置和更新教学设施，以至于实验室设备老化、陈旧,实验实训开出率较低,实训中心建设停滞不前。

其次,招生数量的增加、经费紧张是生均实验实训设备总价值不达标和更新率偏低的主要原因。近几年由于招生数量的猛增使得学院只能将有限的资金用于基本建设:盖教学楼、学生公寓,购置课桌、床铺等基本必需品,教学仪器只能下一步考虑。

3. 实验实训设备的安全与维护工作跟不上

实验实训设备缺少维护保养专用经费,同时也缺乏专业的仪器设备维护人员。由于受"实践教学是理论教学的辅助,重知识传授、轻技能训练"观念的影响,中心人员进修学习、参加培训和学术会议的机会少,知识得不到更新,能力得不到提高,再加上工作环境和待遇等原因,工作积极性得不到充分调动,缺乏责任心。

2.7.3 "双师型"教师缺乏,师资队伍建设有待加强

"双师型"教师队伍建设不理想,还不能满足技能型人才培养的要求,在一定程度上影响了学生技能的形成和动手能力的培养。职业技术教育的技能性和实训中心的实践性要求在实训中心工作的教师既要有理论学术水平,又要有一定的实践经验,即"双师型"教师。从资格来讲,他们既是讲师又是工程师或设计师、检测师、经济师等。从教师队伍的结构上来讲,建立"结构型"、"双师型"队伍必须大大提高工程师或设计师、检测师、经济师以及能工巧匠等"具有高技能水平的兼职教师"在高职教师队伍中的比例。

目前,在大部分高职院校中,年轻教师占有较大比例,这些教师大都"从学校到学校",没有企业一线的具体工作经验,实际动手能力普遍比较差。而由这些教师为主组成的高职师资力量在实训教学方面必然基础薄弱,其理论教学常常与实际相脱节。其次,一些高职院校仍然按照一般普通高校的人事管理制度,将教师分为理论教师和实践指导教师,将从事实践教学的教师作为教辅人员对待,导致这部分人员在职称评定时竞争力不及理论课教师,待遇比较低,正常的培训、学习、进修的机会比较少。另外,由于实训教学存在工作环境差、时间长、强度大、上下班无规律等因素,所以一般教师不愿从事实验实训教学,致使实训教学的教师队伍数量不足、学历层次不高、人员不稳定。由于实验实训教学指导老师在质和量上的缺乏,

一些理论课教师勉为其难承担这一任务,往往造成实训教学内容理论性太强,与学生的基础不相适应等。三是实训教学教师中兼职教师数量过少。近年来,为促进高校与生产企业的紧密联系和保持教师队伍的弹性,也为增加办学效益,发达国家的高校都聘请了相当比例的兼职教师,而且这一比例呈上升趋势。以美国为例,20世纪90年代以来,兼职教师的比例基本上稳定在40%左右,在职业类学校这一比例更高。而我国高职兼职教师占学校专任教师的比例仅为10.3%。聘请大量兼职教师是高职学校与社会其他机构共享人力资源的一种趋势,可以节省大量费用。此外,要保持与生产第一线的技术发展同步,最好的办法就是从生产第一线的现职技术人员中聘请师资,他们带来的信息和方法以及他们对职业的体验往往是高职学校现任教师所难以掌握的。因此,兼职教师数量过少,不利于实验实训教学做到"三个贴近"(贴近生产、贴近技术、贴近工艺)。现有兼职教师,也存在教学、指导技能欠缺,责任心不够强等问题。实验实训中心还须进一步加强对兼职教师的管理。

2.7.4 缺乏先进的管理手段

正是因为将"实验实训"界定为教学辅助部分,一些高职院校没有充分认识到实验实训管理人员的重要性。普遍存在管理人员学历层次比较低、专业不对口、人员构成比较繁杂等现象,甚至一些实验实训管理岗位成为"关系户"、"照顾户"赋闲静养之地。同时,一些实验实训中心缺乏合理有效的考核评估办法,不太重视实验实训管理人员的创造精神,很少关心他们的成长进步,不积极创设各种条件以提高他们的工作积极性。

2.7.5 实验实训中心建设方式单一

高职教育特定的培养目标与特殊的教育类型决定了实验实训教学在人才培养中的作用。目前,高职院校实验实训中心总体呈现出利用率低,重复率高,建设层次、格局单一,装备水平落后于生产实际的局面,缺乏明确的制度性保障,投入与实效不成比例,有的学院实验实训中心的建设仅仅是为配合理论课的需要,脱离了社会对专门技能人才的实际需求,实验实训内容和设备的技术含量较低,导致培养的学生技能单一,不能满足工作岗位的需要。

上述问题已经成为制约实验实训中心作用发挥和职业教育特色形成的障碍与瓶颈,严重制约着高职院校对高技能人才的培养。因此,只有加强实验实训中心的建设,培养高素质、高技能的师资队伍,拥有管理先进、技能领先的实验实训条件,才能保证实验实训教学活动的顺利进行,才能切实提高实验实训教学质量,全面提升学生的综合职业能力。

3 实验实训中心建设模式

高职院校应全面贯彻党和国家的教育方针,遵循教育、教学的基本规律,以行业科技和社会发展的先进水平为标准,以符合地区发展方向和学校发展所设专业的实际需要为依据,充分体现规范性、先进性和实效性,大力加强实验实训中心建设,加大投入,按高质量、高标准、高起点,与生产、建设、管理、服务第一线相一致,提升实验实训设备的技术含量,体现职业教育的技术先进性,建设一批集教学、培训、职业技能鉴定、技术服务、生产为一体的多功能实验实训中心,形成生产型和仿真型的职业实训环境,实现"以产养学、产学互动"的实验实训良性循环,为开展好职业教育和服务地方经济创造良好的社会效益和经济效益。

本部分主要讨论高职院校实验实训中心的建设模式。

3.1 实验实训中心建设模式分析

高职院校应根据自身发展的客观条件和当地经济发展的实际情况,全面规划,有步骤、有计划地加大实验实训中心建设的力度,使之形成教学、科研、生产、培训为一体的多功能基地。目前我国高职院校实验实训中心建设大体有如下模式。

1. "政府投入"模式

各级政府除要逐年加大对职业教育的经费投入外,还应积极投资兴建公共实训基地,不断提高职业教育的质量。以安徽省《职业教育大省建设规划》为例,安徽逐年加大职业教育经费投入,省财政职业教育专项经费按照不低于中部六省平均水平安排,用于职业教育大省的重点工程建设。在实验实训基地建设方面,以实用、通用、共享为原则,分期分批在数控技术、机械加工制造、汽车运用与维修、电工电子、计算机技术与应用、能源、化工、建筑、旅游、物流、护理、现代农业等主要专业领域,建设一批具有教育培训、技能鉴定和技术服务等功能的省级重点实训基地,充分彰显政府对职业教育的支持力度。

2."政府支持、社会参与和学校配套投入"模式

以同济大学为例,同济大学高职教育学院城市建设与管理实训中心是政府支持、社会参与、学校配套建设的范例。在项目建设中政府拨出专项建设经费1000万元,学校则在场地、人员、技术及部分建设资金等方面积极予以配套。在建设过程中,国内外几十个外资、独资、合资企业和公司、厂家等为实训中心提供了各种形式的赞助,赞助设备费等达1000多万元,为学校节约了大量开支,并扩大了实训中心的建设规模。

3."自力更生,自我发展"模式

在由中专学校合并升格的职业院校中,也有部分院校具有较好的实训教学条件,并形成了一定的规模。充分利用这些实训资源及与之广泛联系的社会协作实训单位的资源,用较少投入,通过精心构想、设计、组织、实施便可见成效。自筹资金,加大投资力度,加强实验、实训室建设,强化现场教学,这一措施是高职实训中心建设的重要途径之一。

4."校校共建,优势互补"模式

有些高职院校与区域内兄弟学校进行联合,实行优势互补,开发生源、减少支出、提高声誉。一方面,联合同一区域内的学校共同出资、共同建设实训中心,实现资源共享,以提高实训中心的利用率,达到节约资金的目的,如联合建立高科技实验区;另一方面,为利于竞争与发展,可打造并形成自己的品牌,面向社会开放,使实训中心不仅为本校学生提供实验实训,还吸收区域内其他学校的学生到实训中心进行实习、培训。这就充分利用了先进设备和实训场地,以及具有丰富实践经验与扎实理论知识的"双师型"教师等资源,不但实现了其自身价值,还能创造一定的经济效益。

5."以培养训,以产养训"模式

高职院校对外承接培训任务,可为学校提供一定的生源和经费。既盘活了内部资源,又充分利用了外部资源,同时还可进一步改善实训条件。中国加入WTO

后,劳务市场的进一步开拓对我国劳动力的培训提出了新的要求。高职院校拥有先进的设备、良好的实验实训场地,以及具有丰富实践经验与扎实理论知识的"双师型"教师队伍。可利用自身的有利条件,面向社会开设长期或短期、高层次或基础层次的岗前培训、转岗培训、在岗培训等。

有些高职院校实训中心的建设起点高,装备先进,能够代表行业发展的先进水平,有条件成为职业资格鉴定基地,向校内外承接职业技能鉴定任务。因此,校内实训中心应利用自身的有利条件,申请设立职业技能鉴定站。使受训者在实训中心培训结束后可参加相关专业的技能鉴定,获得相应的职业资格证书。这样不仅能大大提高本校学生的就业率,还可以通过吸引其他院校学生、在职人员到校参加培训和职业技能鉴定,增加实训中心的收入,达到"以培养训"的目的。

6."校企合作"模式

当前,高职院校积极寻求与行业企业的合作,在实训中心建设中进行了有益的探索,也取得了一定的经验。一是寻求资金投入,如拜耳德国股份有限公司和上海石化工业学校合作建设了"拜耳(中国)实训基地"。二是寻求设备支持,如广州民航职业技术学院用于实训的8架大中小型飞机、48台发动机均是各民航企业无偿提供的,此外,航空公司还提供了一大批导航、雷达、机电类检测专业设备和航材等,为培养学生实践能力创造了良好的"硬件"条件。三是用冠名的方式合作共建实训中心,如常州机电职业技术学院"广茂达能风暴机器人"实训室、"北京阿奇华东培训中心"、"西门子数控技术应用江苏培训中心"和"SOLIDE-AGE产品技术培训考试中心"均是由有关企业投入资金或设备并冠名成立的。

当然,由于目前各高职院校的实验实训中心越来越向着多功能化方向发展,特别是一些省级、国家级示范实验实训中心在辐射带动方面发挥着越来越重要的作用,在实验实训中心建设方面,往往集各种建设模式于一体,而不是靠单一的建设模式发展。

3.2 合作共建:实训中心建设的"双赢"之路

在《教育部关于全面提高高等职业教育教学质量的若干意见》(教高[2006]16号)文中明确指出:"加强实训、实习基地建设是高等职业院校改善办学条件、彰显办学特色、提高教学质量的重点。高等职业院校要按照教育规律和市场规则，本着建设主体多元化的原则，多渠道、多形式筹措资金；要紧密联系行业企业，厂校合作，不断改善实训、实习基地条件。要积极探索校内生产性实训基地建设的校企组合新模式，由学校提供场地和管理，企业提供设备、技术和师资支持，以企业为主组织实训"。对高等职业教育来说，由于它的办学是以就业为导向，注重为生产第一线培养技术或技能应用型人才，因此与企业有着天然的联系，这为校企合作奠定了基础。

3.2.1 合作共建的双赢性

校企合作共建实验实训中心，如果企业未能从校企合作过程中获得直接利益，甚至成为企业的一种负担，那将严重制约企业合作的积极性。因此，校企合作建设实训中心，应当满足校企利益双赢的愿望，这种"双赢性"是确保校企合作成功的重要基础。

受学历教育根深蒂固的影响，我国职业教育在前期的发展是较缓慢的，高职教育也就是在最近10年发展起来的。由于高职院校"发展晚、投入不足"，导致部分高职院校在办学条件方面出现"先天性营养不良"的现象，制约了高等职业教育实践教学环节的落实，从而影响了高级技能型人才的培养。要在国家经济水平尚不发达的情况下，坐等政府拨款来改善实验实训条件是不现实的。现代化企业所具备的良好的实训条件，包括场所、环境、设备、行业先进标准和管理规范等都是校内实训场所无法比拟的。高职院校要真正培养出合格人才，必须加强实践教学，必须在实训中心建设方面走出新路，校企合作已成为实训中心建设的发展之路。

对学校而言，校企合作可从根本上解决学校教育与社会需求脱节的问题，缩小学校和社会对人才培养与需求之间的差距，增强学生进入社会的适应性与竞争力。校企合作能够促进供需对接的专业建设，推动课程改革，能够创新师资培训模式，建立稳定的实验实训基地，完善实验实训条件，拓展教育与培训服务领域，提升教学质量；学生充分接触到先进的生产技术，专兼结合的"双师型"教学队伍得到了优化，企业的投入能改善实验实训条件，企业的参与能全面推动教育教学改革的深入。通过校企合作，利用学校和社会两种教育环境，合理安排课程学习与技能训练，使人才培养方案、教学内容和实践教学环节更加贴近企业生产的真实环境，促进学生实践能力和整体素质的提高，达到培养合格技能型人才的目的。

对企业而言,虽然高职院校和企业的价值取向不同,但在根本利益上是一致的。高职院校的基本任务是为企业培养合格人才。可以说,高职院校实际上就是企业最大、成本最低的"人力资源开发部"。当然,企业也为高职院校的毕业生就业提供了重要的渠道。高职院校与企业之间存在的这种"服务链"联系与利益攸关关系,为校企合作提供了客观需要。由于企业期待的毕业生能够"零距离"上岗,能够解决生产第一线的实际问题,因此也希望高职院校加强实践教学,重视实训中心建设。基于这种远见,企业也会对校企合作建设实训中心的事情乐观其成。总之,合作企业不仅获得了优质的人力资源,获得了低成本的"外加工产品",还获得了学校的技术服务、培训服务和咨询服务,同时也获得了共享现代高等教育资源的机会。与此同时,企业可以通过对教育的支持,达到宣传效应,树立企业形象;更重要的是,校企合作能够以潜移默化的方式打造学习型企业,提高企业的文化氛围和核心竞争力。

为了实现校企合作建设实训中心的利益双赢愿望,校企之间应当有明确的共同目标。在确定实训中心建设目标时,既要从学校教育以人为本的价值取向出发,又要照顾企业以经营为中心的基本要求。现在许多高职院校采取"订单教育"、"冠名班"方式,更需要考虑与之合作企业对人才的要求。基于这种思考,高职院校的实训中心建设必须以一定的行业或产业为背景,以培养职业能力和职业素养作为基本价值取向。此外,高职院校要注重发挥校企合作的双向功能,发挥专业建设指导委员会的作用,建立校企双方互惠互利、优势互补、双向互动的新的工作机制。从科技开发和技术应用上寻找结合点,使之既有利于学校也有利于企业,达到双赢的目的,促进双方共同利益的发展。学校应注重发挥其教育、科研的优势,主动为企业提供新产品的开发研制、技术改造、技术咨询、企业职工的岗位培训和继续教育等方面的服务,为企业科研人员到学校进行技术试验提供方便,从而使企业感觉到参与合作教育,不但可以得到所需人才,而且还可以借助高职院校科研优势发展自己。高职院校应紧紧把握人力资源培养的方向,根据各类企业的发展背景,在教学中注意融入企业文化的教育,为企业培养、推荐优秀的人才。

目前,我国高职院校的校企合作实训中心建设模式单一,层次偏低,我们应认真研究并学习借鉴国外高等职业教育校企合作、产学研结合、培养高级技能型人才的经验,拓展合作的空间,建立多层次、多形式、多方位的实训中心。合作建设的实训中心可以是校内企业,也可以是校外企业;可以是独资企业,也可以是校企合作的股份制企业;可以是国有企业,也可以是民营企业等其他所有制形式的企业。应把企业深层次参与教学过程视为保证高等职业教育特色和质量的不可缺少的要素之一。应立足于我国的国情,把握住世界经济全球化发展趋势,根据市场发育对人力资源的要求,不断调整专业设置、改革课程体系、充实教学内容,扩大校企合作对象和领域,同时还应做好国际标准的引进、运用工作,强化学生的信息技术应用能力及外语交往能力,培养国际通用型专门人才,以适应国际化合作的需要。

3.2.2 校企合作共建的几种模式

在校企合作进行实训中心建设方面,我们应当因校、因地制宜,选择不同的合作共建模式。

1."产学结合"模式

产学结合型实训中心建设模式是利用学校和企业两种不同的教育环境和教育资源,采取课堂教学与学生参加实际工作有机结合的方式,来培养适合不同用人单位要求的高技能型人才。

高职院校在深化教学改革中,应着眼于长远发展,依靠自身在人才、技术、信息等方面的优势,根据专业的特殊性建设具有较为先进的设备、设施的校内实训中心,如各种模拟(仿真)实训室、校内工厂、公司等。校内模拟实训室应加大对仿真软件的投入,以展示高新技术服务于生产、服务于教学;要不断地更新教学软件,尽可能提供给学生本行业最新技术信息,紧跟高新技术的步伐。校办工厂、公司要有一定数量的技术工人,实行企业化管理,为学生提供真实或仿真的实际操作环境。有了校内的实训场所,部分教学过程就可以在实训中心进行,学生能够把课堂所学的理论知识用于实际,进行专门岗位能力的培训,保证一定比例的实践学时。

但实训中心对于学生能力的培养毕竟有限。这种模拟的实训场所,无法创设贴近企业生产的实际场景,难以做到有效地促进教与学双向互动,无法使学生在真实的、浓厚的职业氛围中得到锻炼和培养。同时,面对众多高职院校学生,需要多种岗位、工艺、技能的学习和训练,需要不同形式的实践教学场所,校内实训中心显然不能完全满足。为了培养合格的高素质、高技能人才,高职院校应注意选择那些能反映专业特色、有生产任务和人才需求、对合作教育有积极性、设备先进、管理科学的企业合作共建实训中心,使学生能够在完全真实的职业工作环境顶岗实习。这是实现产学结合、培养高技能人才的重要保证。

高职院校与企业的产学结合,可以及时、准确地了解经济发展对人才的需求,能够利用企业的资源有针对性地进行人才培养,企业的技术和现场经验也能够极大地丰富高校的教学内容。实验实训中心作为学生实践能力培养的载体,是师生接触社会、培养和提高基本技能和综合能力的重要场所。学校可对每个参加实训的学生提出明确的实训要求,学生直接参与中心的生产过程,依靠企业管理和指导,学生将所学的理论知识应用于实践中并转化为生产的技术和技能,同时感受企业文化,将现代化企业的经营与管理理念引入到学校,在实践中明确用人单位的需求和所需的知识结构和能力结构,使学生在校期间即可通过实训能够具备上岗所需基本能力。当然,学校在产学合作过程中,应积极配合合作企业加强对实训学生的考核,把产学合作落到实处。

产学结合的关系是双向的,要实现教学计划中规定的对学生职业能力的培养,需要结合教学组织生产,结合生产组织教学。学生的知识、能力和素质的获得,仅仅通过学校课堂的学习是远远不够的,理论联系实际,以及在实践中学习,是人才培养过程中必不可少的重要环节。这种双向性还表现在高职院校在校企合作中要用先进的理论对企业生产加以指导,促进其知识经济的形成和发展,同时高职院校也要充分发挥自身的优势,使学校的教学与企业的生产经营有机地结合,师生与实际劳动结合,理论与实践结合,从而保证教育质量与社会需求的紧密结合。同时高职院校也可充分发挥自身的优势,为企业的科研人员、管理人员提供继续学习深造的机会。对于学校而言,校内实训中心应注重教师和学生的共同参与,积极支持教师参与生产实践,参与企业的技术活动和经营管理,使一部分中青年教师在实践中形成较高的技术与管理能力。

2."产研结合"模式

在"产研结合"模式中,企业与学校和科研院所以科技为纽带联系起来,以科研促生产,将学校和科研院所研制开发的科研成果转化为生产力,在生产中促进科研,使教学和生产、科研同步发展。

高等职业教育应面向经济建设的主战场,紧紧抓住企业需求的关键,瞄准科技成果转化为现实生产力的前沿,把人才培养与科学研究同企业生产紧密结合起来。高校的很多研究课题直接来自生产一线,生产中的许多关键技术问题的解决,有赖于科研院所的科技突破,高职院校的科研机构,可利用自己的技术、人才优势和实训设备的优势,进行应用技术的开发和研究,使教学与开发研究紧密结合,并促进科技成果转化为现实的生产力。可在校内创办技术含量较高的产业实体、科技园区,建立开放性的、企业化管理的、集教学生产科研为一体的实践教学基地。也可以成立科技开发公司开发新项目,转化新技术、新产品,将产研紧密结合在一起。如果校内实训中心的企业不进行应用技术的开发和研究,或不对引进的高科技成果进行技术改造,就没有新产品的问世,就无法在激烈的市场竞争中立足,也不能起到示范作用。

合作企业应根据自身发展的需要,在生产实践中不断确立需要解决的一些技术难题,高职院校可以利用自身的科研优势,积极参与企业的新产品开发和技术革新活动,同企业共同攻克技术难题。可以建立市场导向型的科研开发模式,由企业投资,高职院校进行科研立项,将所研究的成果推向社会,加速高新技术的产业化。校企双方要实行人才的双向流动,让教师到生产第一线具体岗位,直接参与应用技术开发项目,提高教师的实践能力、开发能力、创新能力,使专业教师真正成为既能适应高职教学又能承担应用技术开发任务的高素质的"双师型"教师。企业界的高级技术人员、管理人员、会计师、经济师到学校参与教学和科研工作,向学生传授生产和管理第一线的知识,引导学生更多地参与技术开发研究项目,甚至把企业的一些技术难题作为学生的毕业设计题目,以此激发学生的求知欲望和解决问题的能力,不断提升高等职业教育的人才培养质量,推动产学研结合向更深层次发展。

因此,通过产研结合,企业可以借助高校科研优势共同开发研制新产品,应用新工艺和新技术,引入先进管理理念等,使企业既有人才优势,又有产品和技术优势,而企业的科技水平的提高,又可促进高等职业教育的发展,为高职院校的人才培养提供高水平的实训条件,促进高职院校实现教学、科研和生产一体化。

3. "学研结合"模式

学研结合型的实训中心利用学校和科研院所的人才优势和技术优势,采用理论学习、课题研究与技术开发相结合,使学生能够掌握具有行业领先性和科技含量较高的专业内容。

伴随着社会经济的发展和科技的不断进步,社会对人才的知识、能力与素质提出了更高的要求,对技能型人才综合素质的要求也越来越高,要求学生不但具有一定的专业技术素质、实践能力,毕业即能顶岗操作,而且能在工作中不断提高创新能力和自我发展能力。如果不改变过去单一的人才培养模式,就很难适应社会发展的需要,无法实现培养高技能型人才的培养目标。因此,学研结合尤其是应用技术的研究显得更加重要。在高等职业教育中,科研和教学的关系是密切联系、相互影响、互相促进的。教师把科研的信息渗透到教学中,能够为教学提供新知识、新方法,以科研促教学。同时,在教学过程中加强科研活动,以教学促科研,促成果,能够更有效地培养创新人才。

在科技高速发展的今天,高职院校应主动与当地的科研院所进行横向联系与协作,充分利用科研院所的先进仪器设备和专业技术,特别是共享科研院所的高科技资源,利用其进行课堂教学,将科研成果充实课堂教学内容,使学生能及时掌握学科与生产前沿的信息。同时,教师应积极参与科研和深入实训中心,努力把科研院所的最新研究项目带进课堂,联手开展合作攻关和科技开发等。高职院校也应依托科研院所的智力资源,组建高水平的兼职教师队伍,不断提高教学质量,提高教师的科研水平。同时,科研院所也可以拓展科研的育人功能,利用自身的技术、人力和智力优势参与教育产业空间的开发,合作办学,共同培养高素质、高技能型人才。

学研结合型的实验实训中心主要利用学校的专业技术优势和实验室设备从事教学与科研活动。有的高职院校内部就设有研究所或研究中心,这种设置应与专业建设紧密联系,以服务于教学为目标,使教学始终把握本专业的前沿信息。教师可以结合教学从事基础性、特别是应用性的研究,可以以专业带头人和课题组为龙头,进行课题的开发与研究。尤其应鼓励学生在教师的指导下从理论和实践的发展要求确立课题,参与产品研制和开发,培养学生技术开发的能力、科技推广应用能力,使高等职业教育向更高层次发展。近年来,不断有高职院校的在校生申请国家发明专利的事例,充分说明"学研结合"模式在高职教育中所焕发出的勃勃生机。

3.2.3 合作共建的其他模式

近年来,由于各高职院校在办学模式上不断创新,国家对高职教育的不断重视,高职教育的办学特色越来越鲜明,在实验实训中心建设上也出现了一些新的建设模式。安徽职业技术学院近年来创新了以下几种建设模式。

(1)"筑巢引凤"模式

该校以建设新校区为契机,积极挖掘办学潜力,由学校按企业生产车间的要求新建实验实训场地,由企业提供生产设备,企业和学校共同管理,以企业为主组织生产和实训,建成融生产产品和供学生实训为一体的实训中心。这种"以场地引资源"的校企共建实验实训中心的做法,有利于实现资源共享,可充分发挥实训中心生产和实训一体化作用。在生产性实训教学中,学生真正在生产一线顶岗,感受企业的生产环境,经受实际生产的复杂情况的锻炼;同时,把企业的生产线引入学校,变消耗性实训为生产性实训,节省了企业对场地的投入,实现学校和企业互助互利、双赢共进。

(2)"研发培训"模式

通过与企业、行业协会的合作,把为企业提供良好的人力资源和技术支持作为企业的受惠点,吸引企业、行业协会与学校合作共建实验实训中心,使其成为企业的研发和培训基地。

(3)"合作教育项目"模式

通过与大的企业集团开展合作教育,推行符合市场对人才要求的各类合作教育项目,使企业在合作教育项目中受益,以吸引他们在课程、师资,特别是实验实训方面的投资,从而保证合作教育项目作为优质教育资源的品牌效应。该院与中锐集团的"华汽教育"项目已经实施,中锐集团在汽车专业方向上向学校投入课程、师资和实验实训场地等软硬件资源数百万元,建成了"华汽教育"项目实验实训基地。

3.3 专业设置与实验实训中心建设

专业设置是学校实现教育目标的重要基础和前提。专业设置科学与否,直接关系到学校的培养目标、学校的建设与发展、招生与就业、教育投入(如实验实训中心建设)与办学效益等重大问题。高职教育的特点决定其在专业设置、课程建设、教学模式等方面必须有自己的特色,而实验实训教学在高职教育课程体系中占据非常重要的地位。因此,实验实训中心作为高职教育人才培养的重要阵地,是学生在校期间锻炼实践能力和培养职业素养的主要场所,其建设是实现人才培养质量提升的关键,也是为社会培养和输送合格建设人才的基本保证。因此,研究高职院校实验实训中心建设问题,不能不考虑高职教育的教学改革。

高职院校的专业设置,必须是以市场为导向,紧紧贴近社会,针对地区、行业经济和社会发展的需要,以适应技术领域和岗位群的实际需要来确定。这既是检验高职院校办学水平、办学效益和办学质量的一条重要标志,又是高职院校办出特色的关键。但是不同的专业设置,对理论和实践教学都有不同的要求,在实验实训中心建设内容与模式上也有所区别。因此,高职教育的专业设置方案,专业调整的基本思路,都对实验实训中心建设产生重要影响,成为实验实训中心建设的重要依据。

由于高职教育是根据市场需求来设置专业,因此在专业设置上强调多样性、灵活性、适应性、岗位性原则。多样性是指专业口径和内涵有较大的伸缩与回旋余地,既可以根据岗位或岗位群的社会覆盖面设置宽专业和窄专业,也可以根据某类技术的应用范围,以技术定专业,还可以根据某些社会覆盖面不宽的职业岗位对实用人才的需求,通过寻找相近职业的结合点,组合而成为新专业。灵活性是指专业设置主动适应社会经济的发展,与市场接轨,及时调整。专业是高职学校与社会的对接点,要想培养出的人才"适销对路",就必须改造旧专业、增设新专业,以适应岗位和岗位群的快速变化。基于以上认识,高职院校实验实训中心建设应当以适应职业岗位或岗位群为定位和目标。

由于社会需求具有多变性,而学校专业设置需要相对稳定,因此真正按照职业岗位或岗位群来设置专业,实际上难度很大,甚至是不可能的。普通高等教育通常的做法是调整专业目录,拓宽专业口径,加强基础,培养通才,以适应市场多变的状况。这样做的结果虽然满足了人才培养的"适应性"但却牺牲了职业岗位的"针对性",这显然与高职的人才培养目标是不相符的。

因此,高职教育在设置专业时,应将"适应性"与"针对性"相结合,提高预见性。高职教育的专业设置不能沿用普通高等教育的专业目录,不能照搬普通非职业教育院校的专业设置模式,而要面向市场,针对社会需求和院校自身的条件,确定自己的专业设置。在专业设置上充分利用地域优势,集中力量办好一批适应区域社会经济发展需要、有良好发展前景的专业,积累形成自己的专业优势和特色。从高职教育培养的目标和规格出发,高职院校应当坚持培养面向生产、经营和技术开发一线的技能型人才。在专业设置过程中,学校应重视研究、分析和预测市场变化对人才需求的影响,及时调整服务方向,优化专业结构,增设社会急需的专业,使新旧专业相辅相成,合理搭配。

为此,高职院校首先要开展市场调研,掌握相关行业的市场需求、发展趋势、技术要求、岗位设置等;其次,要组织校内外专家、学者对调研结果进行分析和论证,在反复讨论的基础上提出专业设置方案,以此作为确定专业调整和设置的重要依据,最后经院校决策部门审定。概言之,高职院校在专业设置上不能因循守旧,而要坚持调研、分析、论证和创新的原则;再次,高职院校可以考虑构建若干基本的专业模块,使专业建立在不同专业模块的组合之上。高职院校通过构建若干个专业模块,根据不同的职业和岗位群的要求组合成不同的专业,做到有需求就上,没有需求就下,从而使专业设置动态化。因此,高职院校的实验实训中心与普通非职业教育院校的实验实训中心在设计理念上是有所区别的。

因此,可以说,市场需求是专业设置的"晴雨表",而专业设置又是实验实训中心建设的"晴雨表"。当然,建立与专业设置相适应的个性化和职业化的实验实训中心,是一项比较复杂的工作,需要人们进行深入的研究与探索。

3.4 教学模式与实验实训中心建设
——以"教学做合一"教学模式为例

教学模式就是构成课程和作业、选择教材、提示教师教学活动的一种范式或计划,是将教学理念、教学目标、教学方法、教学评价、教学场所等教学因素结合起来的一种相对规范的结构框架。由于高职教育的专业性、职业性、实践性等特点,使高职教学模式呈现出多样性特征。

加强高职实践教学,实验、实习、实训是高职教育的关键环节,是完成高职培养目标、培养高技能人才的关键途径。学校应建立由校内实训中心参与的实验、实习、实训体系,同时要加强实验实训条件建设,增强实验实训教学的力度和深度,促进学生操作能力和应用能力的提高,学校必须加大投资力度,给学生创造一个与职业现场接近的、浓厚的职业操作氛围,让学生在仿真的职业环境中主动操作,逐渐熟悉本行业的基本工具和设备,对各种技能进行反复操作训练,同时在岗位运作过程中随时接受教师指导,创造"教学做合一"的氛围。

1. "教学做合一"教学模式的内涵

早在20世纪初,著名教育家陶行知先生就曾提出"教学做合一"的教育思想。他指出,教的方法根据学的方法,学的方法根据做的方法:事怎样做便怎样学,怎样学便怎样教,教与学都以"做"为中心。他主张教育要以实际为中心,教育要与实际密切联系,教学内容及方式要面向实际,实现"学以致用"的学习目标。"教学做合一"的教学,就是将理论教学内容与实训教学内容有机地糅合在一起,是将教室与工作间融为一体,教师的教和学生的学有机结合。打破原有教材的系统性,将原来的课程同与之相配套的实训课题组合成教学模块,让学生感受情景教学的氛围,在课题或项目教学中学习技能、获得能力,使学生真正做到知行合一。总之,"教学做合一"中的"教"体现出了主导性,"学"体现出了主体性,"做"体现出了职业性,是真正意义上的职业教育优化模式。

2. "教学做合一"的教学条件

第一,组建"教学做"实训室。实训室面积按一个教学班设置,工位、设备、工具、材料的设置和布局合理、有序。主要实训产品(或套件),每台(或套)安排学生1至2位,这样便于师生互动、学生互动以及学生之间团结协作精神的培养。每个工位还要配备相关的教辅设备若干台,做到理论课教室、专业实验室与技能实训室"三室合一"。

第二,组建合理的"双师型"队伍。校内本专业专任教师每班配备1位,实训指导教师每个实训室配备1至2位,企业兼职教师每个专业配备1至2位。逐步过渡到:每位教师集专业理论教师、实训指导教师与生产指导教师"三师合一"。

第三,健全的各项规章制度。实训室安全卫生制度管理条例、实训室管理员岗位职责、学生实训守则、仪器设备安全操作规程、仪器设备损坏和丢失赔偿制度等。

教:要有适合"教学做合一"实施的教材、教具及课件等多样化的教学手段等,将课堂直接设在实训室。以学生为主体,以就业为导向,以岗位为依据,以职业能力培养为核心,可以通过校企合作,开发基于工作过程的课程体系,突出学生的职业能力和创新能力的培养。

学:要有适合"教学做合一"实施的实训对象、设备、工具、材料等,边教边学,边学边做,师生互动,学生与学生互动,和谐教学,教学做一体化,突出实践能力培养,真正实现了"做中学,学中做"的教学模式,这样有利于激发学生的学习兴趣,培养学生良好的职业素质、技能和可持续发展能力,让学生在边学边做过程中学到专业技能。

做:要有适合"教学做合一"实施的专业对口的实训产品(或套件)。由学生亲自动手,如加工、组装、测试、检修等。在实践中加深对理论知识的理解,并力求在教师的指导下独立解决实训操作中出现的一些问题,最大限度地发挥学生的独立性、自主性和创造性,培养其实战能力。

3. "教学做合一"的教学设计

第一,完善课程标准,整合相关课程,以实用够用为原则。例如:应用化工技术专业,可以将四大基础化学(无机化学及实验、有机化学及实验、分析化学及实验、物理化学及实验)的教学内容,根据后续教学内容进行整合,删除重复的内容,淡化理论课与实训课的界限,做到专业理论教材、实验指导教材与技能实训教材"三书合一"。

第二,改进教学手段,体现"教学做合一"。根据修订后的课程标准,改变过去那种"先学理论知识,再到实验室做实验"的做法,有些内容完全可以在实训室中边讲解边实训,理论与实践紧密相结合,课堂教学与现场教学相结合,"教"、"学"、"做"三者密切联系、相辅相成。

4. 完善实验实训中心功能分区,满足"教学做合一"的要求

实验实训中心建设是专业建设的保障。"教学做合一"教学模式要求教学空间和时间的同一性,故需要教学场所也要"合一"。传统教学模式下的实验实训中心建设仅注重实践操作功能,不能很好地适应讲授教学、讨论教学、情景教学、实践教学等多形式综合的"教学做合一"教学对实验实训中心功能多样化的要求,限制了实验实训中心建设对专业建设的保障作用。为了提高实验实训中心的实用功能与价值,满足"教学做合一"对教学场所的要求,在新建和改造实验实训中心时,工位设计上要以小组为单位,以利于学生分组合作学习;空间分布上要形成既能安放理论教学设备又能安放实验实训设备,既能进行理论教学又能进行实际操作,既能集中听教师讲解又能利于学生分组讨论、角色扮演的区域功能划分。以企业岗位人才需求为依据,以职业活动为导向,模拟企业真实的内外业务环境,建成开放式、多功能、高度共享的"教学做合一"实训中心。

5. "教学做合一"的实训中心布局模式——以滁州职业技术学院为例

学院实验实训中心的总体布局体现教、学、做一体化,具体到各专业的实验实训室建设有如下一些布局模式。

工艺流程布局:比如学院的 SMT 实训室、塑料成型加工实训室、冲压成型加工实训室等,实训工位按工艺流程布局。

生产流程布局:比如学院的自动线机电控制实训中心、生产过程控制实训中心

建设,学生职业技能培养按生产流程体现在不同工位上。

技术模块布局:比如学院的机械故障诊断与维修实训中心、汽车构造与拆装实训室、网络工程实训室等。学生岗位能力培养是由多种相对独立的技术模块组成,其实训室按技术模块布局比较合适。

实务流程布局:经济类与管理类的专业,如财会模拟实训室等,学生职业岗位面对的不是产品而是各类报表、账单、票据等文件,其技术应用不是去操作机器生产制造产品,而是用脑去处理各种事物,这些文件或事务按照一定的流程在不同的工位上得到处理。这些类别的实训室均按实务流程布局。

综合上述,实施"教学做合一"教学模式就是将理论教学内容与实训教学内容有机地结合在一起,打破原有教材的系统性。将原来的课程同与之相配套的实训课题组合成教学模块。这种一体化的教学模式可使理论知识的学习与实际操作的训练紧密结合,使教学时间和教学设备的利用率大大提高,使教学内容更能体现职业性和针对性,凸显了职业教育的显著特色。也正因为"教学做合一"教学模式存在以上优点,该模式的实施对实验实训中心建设也就提出了更高的要求。

3.5 课程改革与实验实训中心建设
——以项目化课程教学改革为例

项目化课程教学改革,是高职院校顺应科技发展、满足社会对人才需求的一次革命。项目化课程教学改革的目的是构建以能力为本位、以职业实践为主线的新的课程体系,建立适合学生个性发展的项目课程,让学生在工作任务的情境下,通过小组协作来解决问题,从而获取立足工作岗位所必需的知识与技能。项目化课程改革的要求是将现实职业岗位的实际工作内容和过程引入教学过程,因此,必须专门建设等同于具体职业工作客观条件的教学环境,建成配备"全仿真"的实训中心。目前高职院校的实训中心主要根据学科课程教学的需要设计和建设,实训项目的设置主要是对学科理论进行验证性的实验,项目比较零乱,缺乏整体设计思路。因此,必须按照项目化课程改革的要求,新建或改造现有的实训中心。

3.5.1 项目化课程改革的内涵

高职课程中的项目是指具有相对独立性的客观存在的工作任务模块,它以生产出一件具体的、符合特定标准的产品为目的,即生产出的产品要有一定的尺寸、包含特定的材料、能实现特定的功能、满足一定的质量标准。项目化课程改革的目标是培养学生的综合职业能力,就是要建立与职业体系相适应的专业体系,建立与工作结构相适应的课程体系和教学内容体系。课程体系和教学内容体系是基于工作体系和工作结构整体化设计的。课程开发与实施要实现理论知识与实践知识的综合,职业技能与职业态度、职业情感的综合。这两个"综合"的载体就是工作项目(行动化的学习项目)。每一个项目或模块就是一项具体的行动化学习任务。项目课程逻辑体系的基础是工作过程的系统化。项目课程以自我建构的主观知识——过程性知识为主,以过程逻辑为中心,其逻辑形态是相对动态的。因此,在项目课程开发中,项目的设置以及内容的展开必须按照工作过程的先后顺序建立一个系统。在项目课程实施中,要做到教学过程规律与工作过程规律的结合,要做到学生心理过程与行动过程的融合,要做到教学目标与教学情境的协调。实践表明,作为一种新的高职教育课程模式,项目课程在把握高职教育本质内涵、体现高职教育特色和符合国情等方面,代表了我国高职教育课程模式改革的发展方向,是值得探索、研究与推广的课程模式。

3.5.2 项目化课程具备的实践性特点

(1)学习内容的真实完整性

项目化课程是把真实的、完整的、具体运作的项目作为学生学习和实践的活动内容。这样的内容是各职业活动真实情景的反映,具有鲜明的应用价值。学生的学习是从了解项目任务的背景情况开始,进而认识完成项目任务需具备的条件,在项目计划的制定和实施中,克服和处理项目工作中出现的困难和问题,直到项目工作成果出现。全过程中,学生有独立工作的空间,需要运用综合学习的知识、技能,去解决实际问题。一个项目任务完成后,学生即对生产有一个整体的体验和感受,能力和态度也有了一个整体性的提高。

(2)理论学习和工作实践的紧密结合

项目化课程的教学是以职业活动为主线、以完成项目任务为目标的学习活动。让学生在做中学,在学中做,理论和实践合二为一,用实际工作的需要去激发学生的学习积极性,用理论指导实践去解决实际工作问题,表明了理论指导实践的重要意义,从而增强学生学习知识的紧迫性。在项目任务实施操作的过程中,做到动作技能和实践思维技能同步训练,既知道怎样做,还知道怎样做才更好,提高了学生的心智水平和技术素养,使学生的实践能力得到更有效的发展。

(3)职业技能和职业态度同步训练

实施项目化课程的学习,让学习环境充分展现企业的职业情境,有利于"教学工厂"模式的搭建,有利于培养学生良好的综合职业素养。用生产对环境的严格要求去影响学生的行为,用操作的严格规范性去教育学生,用生产人员完成任务的紧密配合性,去促成学生的学习工作的责任性,用生产成果的质量好坏所带来的企业经济成本和效益高低来培养学生的敬业精神。

(4)合作学习和独立工作相结合

项目化课程的教学,是组织多人合作去完成一个项目。例如,项目计划的制定和实施就是集体讨论与行动的结果。其间,不仅要有统一的领导,还需要每一个成员的服从和配合。而且,整个项目分工,使每一个成员都须独立地开展自己的工作,并在工作开展的每一进程阶段和其他成员保持密切的沟通和协调。当同学们成功地完成某一个项目任务时,他们的能力便得到了提高,同时也增强了他们的集体荣誉感和团队意识。

(5)师生互动,教学相长

项目化课程的设计是教师与企业技术人员密切合作的结果,能够反映企业最新的生产技术、组织管理思想和产品设计思想。教师从中获得的专业知识和专业能力是最鲜活的。坚持参加项目化课程的设计,可不断获得新知识,为发展专业课程的开发能力、更新教法开辟出一个可靠的渠道。在项目化课程的实施中,教师是学习的组织者和辅导者,学生是学习的主体,学生的学习在项目任务的驱使下,主动性增强,会提出各类问题;在集体讨论和实践探索中,也会产生具有创造性的思维,这一切都极大地丰富了教师的教学资源。

3.5.3 项目化教学对实验实训中心建设的要求

项目化课程教学要求尽可能在真实的职业环境中进行,因而完成项目化教学的载体——实验实训中心,其建设与传统的学科实验实训教学相比,会有许多不同之处。

①既要满足实践技能训练,也要满足理论学习需求。实验实训中心是职业技术教育、技能训练的场所,在训练的同时,一定会有很多理论问题需要搞清楚,这样才能做到"做中学"、"学中做",达到"理实一体化"的效果,所以实验实训中心要满足理论学习的需求,否则就会导致"理—实"两张皮,工学得不到很好结合。

②既是实训场所,也是理论课堂。理想的实验实训中心既能实际操作,也能进行课堂的教育教学工作;既能分散练习,也能集中答疑、点评。所以实训场所既有实训装置,也有黑板、直尺等教具,既能上手操作,也能画图设计,配备必要的桌椅和投影设备。

③既是操作间,又是维修间。实验实训中心是操作训练的场所,训练和操作一定会有损耗,在实际的教学和工作中,设备、仪器的维修和保养是一项必不可少的基础工作。因此,学生除了会操作,还要会维修保养设备,懂得为什么这样做,深刻理解操作内涵,进行技术创新和科研探索。

④既是课堂,也是资料室。技能训练需要理论支持,理论的学习不仅仅在课堂,课堂上所学知识只是一小部分,大量的知识需要去资料室查阅,许多知识不需要记忆,懂得查阅运用即可。所以理想的实验实训中心应该配备必要的专业工具书、图书、杂志、报刊,可以查阅最新的科研技术动态。

⑤既是生产型教学基地,也是网络开放平台。生产型实训中心是实验实训中心建设的一个方向,学生进行真实生产操作,能大大促进工学结合的力度;生产之余,利用开放的网络平台,进行理论学习、资料查阅,与指导教师沟通、交流、答疑,从而达到提高实验实训效果的目的。

⑥既可实际训练,也能仿真模拟操作。由于教育教学资源在短期内是稀缺的,实际练习的工位不能满足所有学生的实训,仿真训练是一个很经济、有效的选择,两者的结合是很多职业院校正在运用的教学手段。

3.5.4 满足项目化教学的实验实训中心建设措施

1. 推进实验实训中心的内涵建设

实验实训中心的内涵建设包括项目化和开放式的实践教学课程体系、"双师型"队伍和教材建设等。高职院校要改革现有的课程体系,立足在课程改革中突出职业活动能力,打破课程设置格局,基于典型工作过程设计项目化课程,重新整合课程资源,依托实验实训中心,开发项目化精品课程和项目化精品教材,充分挖掘和发挥实验实训中心的平台作用,形成有特色的专业培养计划和课程体系,融合专业知识、专业能力、专业素养为一体。以校内实训中心为基础,以校外实训基地为重要补充,依据行业发展的要求,坚持立足高职就业导向的办学定位,坚持理论适度超前,能力与行业同步的课程设置原则,坚持理论与实践相结合,课内与课外相结合,校内与校外相结合的教学理念,构建满足企业实际需求的项目化、开放式的实践教学课程体系和完善的过程考核评价体系。

2. 建设开放式网络平台

信息技术的发展给教育教学带来了新的革命,开放式网络平台是教育教学改革的一个方向,职业教育面临着实训设备和师资不足等问题,开发网络教学平台可以有效缓解这方面的矛盾,提高教育教学质量;网络辅助课程应该大力开发,鼓励形成精品课程和有特色的开放式网络教学体系,节省教学成本,把实验实训中心建设和网络平台的建设结合起来,仿真和实际操作密切关联,课堂和课后统一起来,将有效提高项目化课程的教学质量。

3. 开发生产性实训中心

生产性实训中心是形成高职院校"造血"机制的关键,有了生产性实训中心,就有了高职院校自我补偿的能力,就可以反哺中心的硬件建设和技术开发,更好地为项目化教学服务,推动实验实训中心的健康发展,而不是一味地要求投入,永远要求补给。可以把企业的生产项目作为项目化课程的教学项目,学生在实训中心边学习边生产,给实训中心注入新的市场活力。

综上所述,就实验实训中心建设而言,其基本要求是要提供尽可能真实的校内外教学情境和能力训练场所,以满足高素质的技能型人才培养需要。而高职院校的现实状况是不少院校实验实训设备不足,理论教学与实训场所相分离,实训场所不具备实施项目化教学的条件,更不具备生产性实训功能。实施项目化课程改革,将驱使学校优化配置现有实训资源,扩大实训资源增量,特别是有效推进校内生产性实训基地建设和校外实训基地、顶岗实习基地建设,构建校内外相互匹配、保障有力的实验实训体系。

3.6 多元化实验实训中心建设的思考

为进一步发挥实验实训中心的功能,高职院校实验实训中心进行多元化建设是十分有必要的。多元化的实验实训中心有助于学生综合能力的培养、有助于实训中心自身的发展、有助于教师业务水平的提高、有助于加强院校与企业之间的联系、有助于学生的就业,是一种值得探索的建设模式。

多元化的实验实训中心可以通过教学、生产、科研、管理、培训等多个有效途径来充分发挥其作用并促进自身建设,为高职院培养高技能型人才提供保障。

3.6.1 利用实验实训中心开展理论教学

目前,许多高职院校都在进行实践教学改革,积极探索"项目化"教学、"任务驱动"、"教学做合一"等"理实一体化"教学模式。以上教学模式进一步淡化了理论内容与实践内容的界限,使理论教学与实践教学做到了"理实交融,融会贯通"。以应用化工技术专业为例,过去四大基础化学的教学总是先在教室里上理论课,然后再到实验室做实验以验证理论的正确性。如果把四大基础化学的教学内容进行重组,删减后续课程中重复出现的理论内容,把理论课与实验课糅合到一起,即由原来四门独立的理论课和四门独立的实验课整合出一门"理实一体化"的"基础化学",这样,整合后的"基础化学"教学则大部分时间是在实验室里进行。在实验实训中心安排理论教学,就是把过去那种"先学理论知识后进行实验验证,学生被理论知识牵着鼻子走"的现象转变为"先实验探索后理论归纳,学生成为知识的探索者、发现者、归纳者"。因此,实验实训中心的作用不光是学生实践活动的场所,同时也是学生学习理论知识的场所。

3.6.2 利用实验实训中心进行产品生产

生产性实训是近年来高职院校越来越重视的实训形式,通过校企合作的方式,承接企业生产加工业务,实地参与企业生产和产品研发,把学校的日常实训融入企业的产业链,由"输血"式实训转变成为"造血"式实训,充分发挥学校的人才和教育资源优势，结合企业的实际需求，使学生与企业"近距离"接触，实现双方的互利双赢，这是生产性实训的基本内涵和实质所在。通过生产性实训，学生在真实的生产环境中完成生产与实训任务，掌握综合操作技能，使动手能力和创新精神得到锻炼。同时，教师也可以通过参与技术开发与技术服务，实现高职教育服务社会的办学特色。通过校企合作的方式开展生产性实训，学生进行实训操作与产品加工、进而参与企业的工艺改造和产品研发，注重生产性实训的职业性，保持实训与实际企业加工的一致性，重视探索课堂教学与技能培养的一体化、学生创新能力的培养以及校企合作双赢机制的形成等。此种意义上的生产性实训不仅能为学生的技能培养、就业去向等方面带来无形的收益，而且也能为学校创造有形的经济效益。

(1) 利用实训中心搞生产的形式有多样

一是产品加工，属于来料加工性质；二是产品检测，即对产品进行各种技术参数的检测，提供检测报告，这属于技术服务性质；三是生产产品，通过科研成果转化或其他方式找到具有市场潜力的产品并组织生产。

(2) 利用实训中心搞生产，可充分利用实训中心资源

有不少院校的实训中心设备台套数较多，而仅依靠校内学生实验实训环节的课时数无法使其有很高的利用率，这显然是一种资源的浪费。如果实训中心工厂化，有其自己的长线产品，在满足学生实验实训的前提下，产品生产不间断，能高效地利用实训中心资源。

(3) 利用实训中心搞生产，可促进其自身建设与发展

生产经营会产生一定的经济效益，一些比较成功的高职院校，在此项目的产值与利润都很可观，由此可以解决实训中心更新设备、扩大规模所需的资金，为中心的稳步发展提供资金保证。

(4) 利用实训中心搞生产，可为师生提供训练平台

实训中心形成一定的生产规模，完全按照企业运作模式经营，由此提供了一个很好的训练平台。使教师与学生在校内就能获得企业实习的锻炼机会，有利于"双师型"教师队伍建设与学生职业能力的提高。

3.6.3 利用实验实训中心开展技术研究

高职院校利用实验实训中心开展技术研究，可在以下几方面下工夫。

(1) 利用良好的设备优势开展科研

实训中心可在设备类别、设备台套数、设备先进性、设备的操作人员等方面为科研的顺利进行提供保障。

(2)利用良好的人员优势开展科研

高职院校拥有一批理论知识扎实和勇于实践的老师,他们在科研方面有着得天独厚的条件,容易在技术创新、新产品开发等领域出成果。

(3)开展纵向与横向的科研课题研究

利用与企业合作的有利条件,实训中心大力开展纵向与横向的科研课题研究,同时为中小企业提供技术支持。在人才培养与技术支持等方面全方位地为地方经济服务,逐步成为新技术和新工艺的研究开发、推广与应用的基地,成为中小企业的技术支援中心。

3.6.4 利用实验实训中心学习企业管理

在高职院校实验实训中心,可学到以下企业管理知识。

(1)实训中心的设备管理

仪器设备是实训中心固定资产的一部分,是实施教学、技能鉴定与培训、科研、生产等各项职能的必备物质条件。要贯彻统一领导、分级管理、管用结合、责任到人的原则,在仪器设备的购置、验收、使用、维修直至报废的全过程中,加强计划管理、采购管理、技术管理和经济管理,使设备管理工作项目化、系统化、规范化、科学化、信息化,使仪器设备在整个寿命周期中充分发挥其应有的效益。

(2)实训中心的生产管理

坚持服务教学、长线产品不断线的原则,严格执行工厂化的管理制度。穿戴好工作服、按时到岗、开机前检查仪器设备、严格按照工艺规范进行操作、执行国家环保政策等。使学生在实训中心企业化环境的熏陶与企业化的管理约束下养成良好的职业道德;通过思想建设、组织建设、制度建设和环境建设,抓好学生的实训目的、实训态度、实训纪律等方面的作风建设,努力培养"准职业人"。

(3)实训中心的质量管理

学生在实训中心学习,有充分的时间接触到企业的产品质量管理知识,潜移默化地培养了学生的产品质量意识,这也是对学生职业责任心和职业道德的培养。学生在实训中心学习企业的产品质量管理,可以进一步理解"全员、全过程、全方位"的"全面质量管理"内涵以及企业的 GB/T19000—2000 及 ISO9000 族的质量标准体系。

3.6.5 利用实验实训中心进行人员培训

高职院校应利用实验实训中心开展各种形式的人员培训,原因有以下几点。

(1)培训是密切联系行业和企业的桥梁与纽带

校企合作除了用机制做保障外,还需要找准校企合作的结合点,培训就是其中一点。学校为企业开展人员培训,是体现直接为企业服务的最佳方式之一,也是最直接的途径之一。这种培训,对高职院校而言,是稳定的客源。对企业而言,能将职业院校纳入自己的整体人力资源开发计划,可以有效地提高员工素质、开发自己的人力资源以及有效降低企业自身的培训成本。

(2)培训是完善学院自身办学定位的重要因素

找准定位是职业院校发展的根本,要立足于行业和地方经济发展需求。培训能丰富职业教育的办学内涵,拓展学院发展的空间。

(3)培训是优化高职院校资源配置、打造品牌形象的重要环节

高职院校在发展中,应充分运用市场机制,实行开放办学、与企业合作办学,对各类资源进行优化配置,这样才会提高资源的利用效率。如在寒、暑假期间开展各类培训,充分利用实训中心的设备资源和人力资源,使其效益最大化。同时可将一些因课时调整而富余的教师安排到培训岗位,以优化师资配置。

4 实验实训中心内涵建设

高职院校实验实训中心建设要坚持以服务为宗旨、以就业为导向、以学生职业能力训练为核心,充分体现职业教育特色,立足为所在区域经济和社会发展培养适应不同层次需求的高技能型专业技术人员。要突出职业岗位需求,构建真实或仿真的职业环境,以利于学生在职业活动环境中,经受岗位实务训练或仿真训练,提高技术应用能力、培养综合职业素质,达到国家(或国际通行)职业资格证书认定的标准,使实验实训中心成为学生巩固理论知识、练就实践能力、培养职业素质的实践性学习与训练场所。通过进一步建设,实验实训中心能够开展应用项目研究、科技成果推广、生产技术服务、科技咨询和产品开发等服务活动,融满足教学需要与企业需求于一体,使职业教育更好地服务于地方经济和社会发展对技能型人才的需求。所有这一切都离不开实验实训中心的内涵建设。

4.1 实验实训中心内涵建设的内容

随着国家对职业教育的重视,特别是国家示范性高等职业院校建设的实施,全国高职院校都投入了大量的资金用于实验实训中心建设,使实验实训中心的数量和规模都得到了快速发展,实验实训条件也得到了很大改善,基本满足了实验实训教学的需要。实验实训中心实现了"量"的扩张后,当前主要任务是实现"质"的提升,即要强化内部管理,加强内涵建设。

4.1.1 实验实训中心内涵建设的目的

内涵建设表现为事物内在属性的建设,如组织结构、管理制度、软实力等。实验实训中心的内涵建设是相对于外延建设而言的,内涵建设不是以兴建场馆、增加先进的设备投入为其主要特征,而是在现有硬件条件的前提下,通过实施制度创新和结构调整,提升"软实力",实现实验实训中心的质量与效益的提高。如果说,外延建设更多关注的是规模的扩展和布局结构的调整,那么内涵建设更多强调的是质量和效益的提高。简言之,实验实训中心的内涵建设,就是要在效益、特色、文化、质量上下功夫。

4.1.2 实验实训中心内涵建设的内容

1. 转变观念、提高认识是提升实验实训中心内涵建设的前提

针对许多高职院校对内涵建设认识不清、模糊、片面等现象,各院校应结合各自实际情况,做好教育部等行政主管部门的有关政策、法规的学习宣传工作,特别是《教育部关于全面提高高等职业教育教学质量的若干意见》(教高[2006]16号)一文中对实验实训基地建设的阐述。从学校的行政部门到学校的每个系部,甚至到学校的每个学生,以提升高职院校教职员工和学生的认识,让学校所有人共同努力,转变传统的观念,用内涵建设这一新的思想统领适合高职院校发展的实验实训中心建设思路,使实验实训教学改革工作落到实处。

2. 规范化管理是实验实训中心内涵建设的客观要求

首先是全面质量管理。因为实验实训中心的教学环境最接近企业的实际工作环境,因此,也可以尝试将企业的全面质量管理引入实验实训中心的管理之中。按照全面质量管理的要求,建立一套科学规范的实验实训质量控制体系来规范实验实训教学活动的全过程,是实验实训中心内涵建设的客观要求。在实验实训中心实施全面质量管理,要从以下几个方面着手:①树立全面质量管理的理念。实施全面质量管理是一项管理改革,更是一场教育观念的改革。改革的核心是树立起以学生为本的职业教育理念,尊重用人单位的需求,根据他们的意见和要求调整专业结构,改革实验实训课程设置,更新实验实训教学内容,最后的落脚点是提高实验实训质量,促进实验实训中心内涵发展。全面质量管理是一种全面性、全过程、全员性和全方位的管理。它要求实验实训中心全体人员深入学习全面质量管理知识,树立全面质量管理的理念,做全面质量管理的宣传者和忠诚执行者,从而为提高管理水平和人才培养质量而积极工作。②抓好实验实训中心管理队伍建设。管理队伍是决定管理水平最主要的因素,加强管理队伍建设应做好以下三项工作:一是领导重视,要把管理队伍建设与教师队伍建设放在同等重要位置;二是注重提高管理队伍的综合素质,鼓励管理人员学习管理理论知识和业务技能,并结合自身工作开展对实验实训中心管理的研究;三是建立管理人员能进能出、能升能降的选拔评价机制,形成一支结构合理、相对稳定、素质优良、富有活力的实验实训教学管理队伍。③建立有效的激励机制。激励有两种:一是精神上的表彰,对于工作成绩突出的教职工授予相应的荣誉称号,以资鼓励;二是物质上的奖励,实行多劳多得,优劳优酬。这两种激励措施有机结合,才能最大限度地调动实验实训中心管理人员的工作积极性。④建立科学的实验实训教学质量考核与评价体系。不断改进和完善实验实训教学的考核与评价方法,目的就是要通过对实验实训教学环节的有效评价,规范实验实训教学活动,增强高职院校实验实训教学的软、硬件能力,促进教学质量的提高。

其次是健全管理制度。科学、高效的管理,不仅是实验实训中心内涵建设的重要内容,也是实验实训中心核心发展力的标志。特别是针对我国高等职业教育发展历史较短,多数高职院校属新成立或由中专升格的现状,加强管理工作显得尤为重要。以技能型人才培养目标为宗旨,以创新教育理念为主线,以专业群为基础调整实验实训中心的结构、功能、建制,进行重组和优化,共享资源配置,搭建公共基础、专业综合、技能实训三个层面的实验实训教学平台,构建数字化、开放化和信息化的实验实训中心管理新模式。实验实训中心的体制问题是实验实训中心内涵建设的根本问题,要不断深化体制改革,抓好实验实训中心设置和布局的调整、整合。对功能重叠的实训室进行合并,优化资源配置,形成特色鲜明、功能强大的实验实训中心。探索设备管理的创新模式,建立高效的管理运行机制,使实验实训体制改革向着规模、结构、质量、效益四者协调、合理的方向发展,做到科学管理,增强活力,资源共享,发挥效益。

高职院校实验实训中心的管理包括设备管理、资产管理、人员管理、课程管理等多个方面。管理制度是中心有序、高效运行的基础。管理制度建设包含中心的生产管理体制、安全操作规程、组织机构及其运行机制、技术规程、质量管理标准、道德规范和行为准则等内容。制定出相应的管理规章制度,使安全生产教育制度化,严格遵循规程;加强设备的管理、维护、保养工作,有利于提高设备使用率,降低消耗,确保人身和设备的安全。实验实训中心要大力加强制度建设,特别要重视制度的执行,做到制度完善,执行严格,为实验实训中心的发展提供保障;同时还要加强管理手段建设。实验实训中心要充分利用现代技术,大力加强实验实训中心网络建设,为实验实训中心管理手段现代化提供平台,促进管理效率的不断提高。

目前,高职院校在实验实训中心管理方面存在的主要问题是:①重过程性管理,轻质量性管理。按照规章制度的条文进行过程性检查,注重执行或未执行情况,对检查中发现的问题不能认真仔细地进行分析,找不出问题出现的原因及解决办法。对实验实训教学过程关注较多,而对实验实训教学效果到底如何却较少关注。②重共性管理,轻个性管理。根据教育教学改革和学生就业创业的需要,可以有序地实行人性化管理,如适应学生就业创业的要求,删减一些验证性的实验,增加一些设计性、综合性、探索性的实验实训。要求开放实验室,以满足学生个性发展的需要。③对管理人员重使用轻培养。管理是一门科学,院校为管理人员提供学习机会,定期考评管理人员的综合素质、管理水平与质量是必需的。为了有效解决上述问题,应建立健全各项规章制度,并严格管理才能保证内涵建设的顺利发展。

3. 加强"双师型"实训师资队伍建设

加强"双师型"实训师资队伍建设是实训中心内涵建设的关键所在。高职院校实训教师要具备传授基本专业知识和指导学生具体操作的能力,要求实训教师在搞好实训教学工作的同时还要注意实践操作能力的培养。学院在实验实训中心建设过程中,应鼓励教师参与,并要求教师在实践中更新观念。通过定期对实训教师进行高级职业技能培训,走专、兼结合的道路,培养一批理论水平高、实践能力强的"双师型"教学队伍。派相关专业教师到企业深入学习,聘请兼职教师来指导学生实训,传授实践知识与宝贵经验。这样,既可优化师资结构,又可提高整体教学水平,使教师的整体水平能紧跟行业发展水平。通过实验实训中心建设及加强"双师型"教师队伍建设,可使专业教师得到锻炼和培养,提高教师的实际动手能力和教学能力,加强教师与企事业单位的密切联系。

4. 加强实验实训教材建设

随着现代科学技术的进步,新知识、新技术、新工艺和新方法不断涌现,高职院校要培养适应技术进步的高素质技能型人才,就必须不断更新实验实训教学内容,与不断进步的科学技术相协调。当前的实验实训教材存在理论知识与操作实践相脱节、教材内容与实训设备相脱节、教材更新与时代发展相脱节等问题。针对上述问题,结合高职院校学生的认知特点、具体的实训设备、当前技术的发展情况等加强实验实训教材建设,是实验实训中心内涵建设的重要内容之一。改革实训项目,不断提高自编实验实训教材质量。实验实训教材的编写一定要建立在实验实训中心硬件条件基础上,针对实验实训设备开发实训项目。实训指导教师要亲自参与编写,而不是由设备供应商代劳。指导教师在精通实训设备结构、功能和使用说明书的基础上编写出来的实训教材更具有针对性、实用性,更合乎高职学生的认知特点。实验实训教材建设是对实验实训中心功能的进一步开发与提升,充分发挥实训中心的教学、培训功能,使实训设备真正起到增强学生操作能力的作用。建立与实验实训相适应的课程体系,尽量把最新知识、最新技术和最新工艺体现到实训教材和新的课程体系中,使学生的理论知识水平和实际动手能力相互促进。

在加强自身实验实训教材建设的同时,要善于借鉴、学习、引进国内外先进的教材建设成果,特别是全球知名企业的培训体系与培训教材。全球知名企业,尤其是世界500强企业,拥有成熟、良好、先进的员工培训方案,其产品在业界有着强大的影响力,在企业中应用广泛,是行业、国家甚至世界标准的制定者。引进或借鉴全球知名企业的培训方案,能够极大地提高实验实训教学水平,紧跟世界先进技术发展趋势,同时为学生毕业后的就业打下坚实的基础。

5. 建设生产性实训中心

校企共建实训中心模式是高职院校利用企业的教学资源和教学环境,以培养企业需要的、并达到岗位能力要求的高技能人才为根本目的的一种建设模式。积极探索校内生产性实训中心建设的校企合作模式,由学校提供场地和管理,企业提供设备、技术和师资支持,以企业为主组织实训。校企结合是高职教育具有强劲生命力的发展方向。充分利用现代信息技术,开发虚拟工厂、虚拟车间、虚拟工艺、虚拟实验,按照实训教学大纲要求,设计虚拟演练的仿真环境,使用虚拟仪器仪表和设备进行实时仿真,构建新型的实训教学模式。校内生产性实训中心以生产带动实训,使学生在真实企业环境中从事生产性实训,降低了教学成本,促进了产教结合、工学结合有效落实,同时,围绕生产实训,聘用和培养教师、开发教材、调整课程体系,使之适应工学结合需要。校内生产性实训中心的建设和发展,有利于促使师生的专业知识和操作水平的提高。

6. 拓展社会服务

一是形成良性互动的校企合作机制,在新技术推广与咨询、技术攻关、产品开发、横向科研、职工培训、互兼互聘等方面强化实验实训中心主动服务意识。二是主动为政府服务，找准切入点，参与地方建设，在农村劳动力转移培训、进城务工劳动力培训、中小企业技术支持等方面主动为政府服务。三是促进区域职教发展。通过师资培训、学生培养、专业建设、资源共享、办学及教学经验交流等形式，建立与区域职教合作机制，在提升区域职教的整体水平上发挥作用，辐射和带动区域职业教育发展。四是要积极探索创新服务项目，拓展服务面。五是专门人才服务，根据地方经济发展的需要，为地方经济建设发展提供专门的人力资源。

7. 实验实训中心文化建设

每当论及实验实训中心建设时，人们自然会想到需要大量资金购置技术装备，引进高级技术人才；谈及如何发挥中心功能，提高中心投资效益，人们更多地想到要加强管理，制定制度。似乎有了先进的仪器设备、高级人才和强有力的制度这三大法宝，中心的一切问题都能迎刃而解了。然而，事实并不如此简单，许多实训中心不乏先进技术装备和高级人才，但中心的建设、管理和运行却不尽如人意。究其原因，根本的问题在于学校注重中心硬件条件建设时，忽视了实训中心文化建设。实训中心文化建设主要有物质文化建设和精神文化建设。楼宇建筑、房屋布局、内部设备设施等构成了实训中心的物质文化主体，它既是教学、科研、学习的场所，也是中心独有的风格、内涵的体现。建筑的艺术性及设备房屋布局的科学性，能反应实训中心独有的特色和人文情怀。实训中心的精神文化是由室风、学风、教风和人际关系体现出来的师生共享的价值观、道德观、行为观、文化观和认同意识，凝聚着师生的价值取向、道德规范和精神追求，是中心文化建设的最高层次。

目前，企业更看重员工的职业道德与职业素质，而以往各高职院校侧重技术、技能方面的培养，忽略了职业素质的教育。针对上述情况，实验实训中心必须具备与生产、建设、管理、服务第一线相一致的"职业环境"，从设备、技术、管理水准以及产品质量、生产安全等方面仿真职场环境，突出培养学生的职业技能、职业道德、质量意识、安全意识、节约意识、协作精神，以及发现、分析、解决问题的能力。在实训中心，作业区域划分明确，标识警示用语规范，统一着装，挂牌上岗。实训操作过程中强调工具的摆放，保持操作台面清洁，操作动作规范，讲究工作效率，考核工件质量；实训操作结束后，要求学生爱护设备，清洁卫生，对设备进行维护保养，潜移默化中培养学生的职业道德与职业素质。实训中心还可以不定期举行有关安全生产、保护环境、质量法规等方面的讲座，努力充实实训中心的文化氛围。

8.重视实验实训教学研究与实验实训教学改革

新形势要求在实验实训教学方面也必须进行教学研究与改革,以适应技能型人才培养的需要。开展实验实训教学研究与改革必须始终坚持三个原则:①转变人才培养观念,围绕如何将实验实训教学作为技能型人才培养的主要途径进行改革。②突破教学研究与改革的惯性思维,在研究教师如何"教"的同时,更加注重研究学生如何"做"以及如何发挥实验实训教学环节中学生的自主性。③积极组织申报实验实训教学研究项目和实验实训中心建设项目。打造一个研究型、学习型实验实训教学团队也是实验实训中心内涵建设的内容之一。

4.1.3 加强实验实训中心内涵建设要处理好的关系

在内涵建设过程中,要着重处理好以下关系。

(1)处理好规模与质量的关系

规模是发展的基础,但一味追求规模,必然影响教育质量,制约可持续发展。人才培养的质量是高等职业教育的第一生命线,是高职院校发展的核心动力。当前,我国高职教育逐步走上内涵式的发展道路。因此,实验实训中心建设在规模适度的基础上,紧贴社会需求,狠抓人才培养质量,实现规模、质量、结构和效益的内在统一协调。不能一味追求实验实训硬件设施的"多、尖、新",在满足实验实训教学的条件下,更要追求实验实训的效果与质量。

(2)处理好硬件建设与软件建设的关系

硬件指的是实验实训条件,是显性可见或可以计量的方面,是实验实训中心的有形资产。软件则是相对隐性抽象的方面,是实验实训中心的无形资产。实验实训中心的硬件建设必须根据实际情况量力而行、循序渐进;软件建设必须与硬件建设同步、配套(实验实训中心的管理模式、教学模式等)。硬件建设和软件建设相辅相成,相得益彰,这样才能发挥最佳效果。

(3)处理好共性与特色的关系

所谓办学特色,是指一所院校在长期办学过程中形成的比较持久稳定的发展方式和被社会公认的办学特征。办学特色是高职院校立于不败之地和被社会广泛认可的关键所在,其中实验实训教学特色是一所院校办学特色的主要特征之一。实验实训教学应该服务于高职教育的人才培养目标,这是高职院校的共性。因此,实验实训教学特色的体现主要表现在内涵建设方面，按照"人无我有，人有我优，人弱我强"的建设思路，在内涵建设上下工夫。

(4)处理好人才培养与服务社会的关系

实验实训中心在功能实现上，存在着两种不和谐现象。一种是把技能训练这个第一要务当成唯一要务，忽视社会服务功能或将其当成附带功能，不重视职业培训；另一种是把实验实训中心当成学院创收的一个经济增长点，只重经济效益，忽视"第一要务"。因此，要处理好人才培养与服务社会的关系，才能实现实验实训中心的健康发展。

(5)处理好个人、系部、学院三者利益的关系

实验实训中心的人员培训、技能鉴定等社会服务项目，为学院带来了一定的社会效益与经济效益，这必然会出现指导教师、实训中心和学院三者之间的利益分成问题。这个问题处理好将能极大调动个人与实训中心服务社会的积极性；处理不好，必将影响到实验实训中心的运行与发展。处理这个问题，归根到底还是实验实训中心的管理问题。

总之，实验实训中心建设应为高职教育教学服务，为培养高素质、高技能专门人才服务，充分开发实验实训中心的潜在功能，丰富实验实训中心创建及运行模式，深化实验实训中心内涵建设及科学管理。实验实训中心的内涵建设必须以提高教学质量为根本出发点，需要我们紧跟时代步伐，不断探索，不断创新，实现实验实训中心建设"质"的飞跃。

4.2 "双师型"教师队伍建设

实验实训中心建设，必须要投入人力资源。实际操作中，学校可以动员与实验实训相关的专业教师和管理人员参加实验实训中心的设计规划、加强论证、组织实施与验收评估等工作，他们都是实验实训中心建设的人力资源。从一定的意义上讲，熟悉实践教学、爱岗敬业而又有创新精神的教师，更是建设实验实训中心的关键因素。高职院校在实验实训中心建设过程中，要充分调动"双师型"教师的积极性与创造性，他们的聪明智慧对实验实训中心建设具有重要的作用。在实验实训中心建设过程中，他们也是中流砥柱。因此，在建设实验实训中心的同时，必须抓

紧抓好"双师型"教师队伍建设,在数量上要能够满足实验实训教学的需要,在结构(年龄、学历、学位、职称)上要达到基本合理。

教育部《高职高专院校人才培养工作水平评估指标等级标准及内涵》(第一轮评估)中规定:专业基础课和专业课中双师素质教师比例达到50%为合格,达到70%为优秀。这成为了高职院校教师队伍建设的一个导向性指标。教育部第一轮评估对高职院校办学从整体上起到了推动性的指导与规范作用,但也出现了一些高职院校为了能在评估中取得"优秀"或"良好"的等级,而使一些教师"被双师"的现象。

《国家中长期教育改革和发展规划纲要》(2010—2020年)(以下简称《规划纲要》)中提出了今后十年我国高职教育的在校生指标:2009年1280万,2015年1390万,2020年1480万,每隔五年就增加百万名在校生。将数以千万计的高职在校生培养成高素质劳动者和技能型人才是高职院校教师的重要责任,这也对高职院校的双师素质教师和实验实训中心建设提出了更高的要求。

目前,高职院校依据教育部《高等职业院校人才培养工作评估方案》开展新一轮评估。其"评估指标体系、关键要素"中对师资队伍的要求是:专任教师——基础课专任教师注重学历、职称提高,专业课专任教师强调技能水平提高及增加企业一线工作经历;兼职教师——从行业、企业聘请技术能手,承担实践技能课程的比例逐渐提高,并注重对他们教学能力的培训;主讲教师——基础性课程以具有专业背景的校内专任教师讲授为主,实践性课程主要由企业、行业技术骨干担任的校外兼职教师讲授为主。与第一轮评估对师资队伍的要求相比,新一轮评估不再强调数字指标与等级要求,而注重内涵建设与质量提高。

在"双师型"教师队伍的建设中,许多办学特色鲜明、成绩斐然的高职院校坚持"立足培养、积极引进"的方针,因地制宜,充分利用现有条件,挖掘潜力,采取"外聘内训"等多种措施,开拓出了"双师型"教师队伍建设的有效途径,值得借鉴。

在"双师型"教师队伍的建设中,学校起着主导的作用。受政策和制度等各方面条件所限,学校从外部引进"双师型"教师并不是教师队伍建设的主力,因此,只能因势利导,创造条件,培养学校内部教师,同时在职称和待遇方面制定激励政策,促进"双师型"教师队伍的建设。

为了造就一支高水平的双师素质教师队伍,学校可以采取如下措施。

4.2.1 创造条件,加强培训

1. 选派骨干教师参加"双师型"教师培训班

加强对在职教师的培养和培训力度,这是高职院校"双师型"教师队伍建设的根本任务。对于理论课教师,在不断提高他们学历层次和理论水平的同时,要有计划地让他们到生产、建设、管理、服务第一线或与学校紧密联系的实训基地和产学研结合基地实际锻炼(或工作)一段时间,以提高他们的实践教学技能,使他们逐步成为"双师型"的教师。对于实验实训课教师,在不断提高其实践能力和动手能力的同时,要加强对他们的理论培训,努力提高其学历层次和理论水平,使他们逐步成为"双师型"的教师。要选派一些优秀的中青年骨干教师到国家高职高专师资培训基地或国内外一些大学进修和培训,提高他们的双师素质。前几年,安徽省教育厅通过省高师培训中心,在8所省级高职高专教师双师素质培训基地先后组织了1653名骨干教师的在职假期培训,培训的专业涉及数控技术、汽车检测与维修技术、机械设计与现代制造技术等12个紧缺专业。培训结束后,学员经考核合格,省教育厅颁发高职高专教师双师素质培训合格证书。

2. 外派进修

利用先进的教学资源培养双师素质教师。在学校中选派业务水平较高、有敬业精神的青年教师到发达国家和地区的高校进修学习,提高教学水平和职业技术,经过进修的专业教师眼界开阔,思想比较活跃,不仅学到了先进的科学知识和技术,而且学到了先进的科学方法和教育技术,把高等职业教育的新理论、新观念、新要求带回学校。

3. 选派紧缺专业教师到相关企业、公司、培训中心脱产进修

对于专任教师,理论教学能力普遍较强,欠缺的主要是专业实践教学能力,可以选派他们到相关的实践性强的单位脱产进修半年至一年,要求进修的教师取得一定的专业资格证书;对于某些实验或实习指导教师,由于长时间的工作培养其实践动手能力较强,需要的是理论教学能力的提升,可以制定鼓励政策要求他们到相关专业的高校进行学历进修,进修形式丰富多样,可以通过脱产、半脱产、自学或网络教育等形式提高实验或实习指导教师的理论教学素养和学历层次。

4.2.2 安排专业教师到企事业单位、科研单位进行岗位锻炼和专业实践

利用相关企事业单位的有利资源,有计划、有目的地选派教师到相关行业、企事业单位参加专业实践是高职院校培养"双师型"教师的主要途径。教师通过到生产、建设、管理与服务一线的学习与实践,可以更深层次地理解和掌握专业知识,有效解决理论与实践脱节的问题,使教师对教学内容和教学改革有更加明确的方向和目标,并在操作技能上得到显著提高。随着企业生产设备、生产工艺、生产技术的改进,一些教师的知识结构已经老化,实践经验已经过时,这些教师可以通过企业的生产实践,了解所从事专业的发展现状和趋势,保证对新技术、新工艺及其流程的认知,以便在教学中及时更新相关内容。同时,教师在学校教学中遇到的问题,可以及时向实践经验丰富的工程技术人员请教,并通过实践提高自身的专业技术应用能力和创新能力。另外,教师可以了解企业对所需人才的专业技能要求,在今后的专业教学中做到有的放矢,更好地为学生做好专业教育和职业指导,真正实现"双师型"教师队伍的培养与建设。

4.2.3 利用学院自身优势加以培养

1. 安排专业教师参与实验实训中心建设,承担实践教学任务

高职的教学计划对学生参加实验实训的时间有明确规定。因此,鼓励专业课教师参加校内、校外的实习实训基地建设,并担任实习指导教师,对于教师积累实践经验、提高动手能力非常有效,同时也是培养"双师型"教师的一个有效途径。要求专业教师指导课程设计、毕业设计,在建设专业实验室、教学工厂过程中提高教师的专业实践能力和技术开发能力,建设过程中贯彻以老带新的组合方式,培养教师的实践能力和组织能力。

2. 加强实验实训中心建设,在校内外实训基地培训

实训基地是教师完成实践教学任务、指导学生进行毕业设计、课程设计、专业实习等教学活动的重要场所,教师参加实验室建设,既可节约经费,又能培养教师的实践能力和组织能力。通过实训中心的建设,可以锻炼造就一支既有理论知识

又具有专业技术实践能力的"双师型"教师队伍,实现教师的在职培训。

3. 制定计划,定期开展校本培训

根据本校本专业的实际需要,制定"双师型"教师培训计划,定期聘请有关专家对教师进行心理学、教育学、科研方法,特别是专业技能和实际操作方面的培训,以提高教师的业务水平和操作能力,在教师间开展观摩课、专题讲座和研讨活动,让教师在做中学、在学中做,不断提高理论水平和实践水平。校本培训要发挥专业带头人、骨干教师的传帮带作用,促进青年教师尽快成长为"双师型"教师。

4. 制定政策,鼓励教师参加职业资格考核

高职院校的教师,既要有教师资格证书也要有相关专业技术资格证书。在教学岗位上,能把课堂教学与职业技能培训相结合,使专业教师在教学上获得专业技术职务资格,成为具有双证的"双师型"教师。教师只有具备了这两种证书,才能培养出既有学历证书又有职业资格证书的技能型人才。当前,高职院校应该鼓励专业教师参加职业资格证书或专业技能等级证书的考证工作,实现专业教师的理论知识和实际操作能力的结合。

4.2.4 建立兼职教师队伍,适应社会经济发展的要求

高职院校经常要对专业做出调整,这是高职院校发展的必然结果。此举对教师也提出了更高的要求,"双师型"教师的培养不可能时刻跟上这种快速的变动。更令人担忧的是高职院校教师的现状:部分教师是由文化课转为专业课,专业课教师又不愿转为实验实训指导教师。特别是实验实训指导教师,基础薄弱,数量严重不足,因此,从社会上聘请一定数量的高素质的兼职教师迫在眉睫。

兼职教师的聘用,对于高职院校发展存在诸多的优越之处:第一,兼职教师是高职院校师资队伍中不可缺少的重要组成部分,可以弥补学校专业教师的不足;第二,可以缓解专业转换过程中新专业教师短缺的矛盾,可解燃眉之急,并迅速适应专业设置的变动;第三,可以使产业界技术革新的最新信息、最新技术及时传到学校课堂上来,使学校及时掌握经济发展的动态,加强校企间及其与社会的联系;第四,有利于节约开支,提高正式在编人员福利待遇;第五,在某些方面还有利于加强学校的实践性教学,为学校联系实习单位提供了便利。总之,兼职教师的聘用,有

4.2.5 积极面向企业引进高技术专门人才,充实"双师型"教师队伍

在高技能人才培养中很多课程应用性强,需要既有扎实的理论基础又有多年从事生产、科研实践经验的专业技术教师任教。加强"双师型"教师队伍建设就要求积极从企事业单位引进一些专业基础扎实、有丰富实践经验或操作技能,而且熟悉本地区、本行业发展情况,具备教师基本条件的专业技术人员和管理人员来学校任教。他们可以给学校带来生产、科研第一线的新技术、新工艺,带来社会和企业对从业人员素质的具体要求,可以把自己多年的实践经验、操作技能传授给学生,促进教学和实践的结合。也可以对学校内部教师的实践能力起到指导作用,促进学校教师向"双师型"教师转化。当然,从企业引进的人才,要接受岗前培训,获得高职院校教师资格,这样才能成为合格的双师素质教师。

深圳职业技术学院在建校初期,教师队伍中有不少人来自企业或公司,他们既对深圳的产业状况和发展十分熟悉,又在自己的专业技术领域得心应手。转为教师后,他们很快转变角色,获得了教师资格,成为学院第一批合格的"双师型"教师。他们的经验值得借鉴。

实验实训中心的建设与发展需要诸多条件,但最重要的还是要拥有一支高素质的"双师型"教师队伍。随着《国家中长期教育改革和发展规划纲要(2010—2020年)》的实施,以及依据教育部《高等职业院校人才培养工作评估方案》新一轮评估工作的开展,高职院校"双师型"教师队伍建设将迎来新的发展局面。

4.3 实验实训教学体系建设

实验实训教学是高职院校培养高技能型人才的关键环节,也是衡量职业院校办学水平的重要因素。高职院校能否建立科学有效的实验实训教学体系,关系到人才培养工作的水平,更关系到高职院校的生存与发展。近年来,我国高职教育发展速度迅猛,实验实训教学体系的建设进入了一个关键期。对各高职院校而言,及时发现教学中存在的问题,分析其影响的主要因素,构建科学合理的实验实

训教学体系，是高职院校教学改革中面临的一项亟待解决的工作。

4.3.1　高职实验实训教学体系建设中存在的问题

实验实训教学环节主要包括实验、实习、实训和综合设计等四个方面内容，它是构成高职实践教学的主要组成部分，也是学校教学工作的重点和难点。由于我国高职教育发展历程较短，加上各地区的社会经济发展水平的差异等原因，高职院校在实验实训教学体系建设上还存在各种各样的问题，主要表现在以下几个方面。

(1) 办学方向定位不准确

在近 10 年中，高职院校的数量和在校生人数都得到了快速的发展。大部分院校都存在办学时间不长和办学经验不足的现实，特别是在由民办或由多所地方中专合并升级，或少量由地方职业大学、企业的职工大学转轨而来的高职院校，对高职教育办学方向的定位和人才培养模式等方面认识有偏差。例如，仍有众多高职院校把高职教育等同于大专学历教育，把大众化教育与精英教育相提并论，甚至盲目地追求"专升本"。对高职教育认识上的误区，导致办学理念上的偏差，淡化了实验实训教学在高职教育中的核心地位。

(2) 实验实训教学管理制度不规范

实验实训教学环节是一项技术性和规范性要求较强的教学活动，也是一项包括培养目标、实施措施、技术方法和考核为一体的完整教学活动。由于各学校在办学思想和模式上的差异，特别是专业建设等方面的不足，相当多的院校实验实训教学管理制度还存在很多问题，主要是：原则性的意见多，可操作的标准少；弹性内容多，强制落实的少，实验实训教学管理制度无法与职业技能训练的特点相适应；在专业培养方案中，不少高职院校对实验实训教学内容要求模糊，缺乏可操作性，甚至采取粗放式教学，随意删减实验实训项目，缩短实验实训时间，无法达到高职教育要求培养学生动手能力的目的。

(3) 实验实训教学设备条件落后

高职教育同其他类型的教育相比，其特点是要给学生提供真实的职业训练条件和足够的训练时间，需要比其他教育有大得多的投入。但是，高职教育在目前还未得到全社会的认同，国家和地方政府对高职教育的经费投入也不足，这就使高职教育的发展陷入了矛盾与困境中。办学资金的匮乏，实训中心建设经费的不足，使得大多数高职院校的生均设备值远低于国家规定的办学标准，很多院校不得不减少学生职业技能训练的次数和内容,导致职业教育教学质量的严重下降。

(4) 实验实训教学环节的师资队伍力量薄弱

在相当多的高职院校中,实训指导教师在待遇上存在有不合理之处,在政策上不利于调动教师从事专业实训教学的积极性。国家对学校评估的政策促使很多学校在师资队伍的建设中盲目向高学历高职称方向发展,忽视了"双师型"师资队伍的建设,使得从事专业实训教学人员的数量和素质得不到提高,影响了专业实训教学的效果。

(5) 实验实训教学质量监控体系不完善

如何监控与评价实验实训教学活动的过程与效果是构建实验实训教学体系的重要内容。目前,许多高职院校在实验实训教学中缺乏科学有效的保障与评价体系,对专业实践培养的目标、项目、条件和时间无强制性的规定,使学生的实际专业技能水平与专业培养目标有较大的差异。导致这种现象出现的根本原因是没有建立一套以职业能力为导向、以社会化的人才评价为标准、以科学的专业实训规范为大纲的教学质量监控体系。

4.3.2 实验实训教学体系建设的目标及原则

实验实训教学体系建设的目标是:围绕培养目标的职业技术和岗位资格标准,全面推行学历证书教育和职业资格证书教育的"双证制",体现高等职业教育的职业性和岗位针对性,在解决好理论教学"必需"和"够用"的基础上,加强学生技术应用能力的培养,以应用性和实践性为原则重组实践课程,建立符合高素质、高技能专门人才培养目标要求的基本实践能力与操作技能、专业技术应用能力与专业技能、综合实践能力与综合技能有机结合的相对独立的实验实训教学体系。

针对以上建设目标,建立实验实训教学体系,必须遵循以下原则:

(1) 针对性原则。实验实训教学体系要有明确的目的性和未来岗位的针对性,主要针对专业的特点,分析学生未来岗位(群)的知识结构和能力结构,以此来确定实验实训教学体系的总体框架。

(2) 系统性原则。实验实训教学体系应符合从简单到复杂、从低级到高级、逐步积累和深化、循序渐进的认识规律,即整个实验实训过程形成一个系统。

(3) 一体化原则。由于理论教学与实践教学有密切的联系,为了便于形象直观地教学,有条件的课程按一体化要求,融教室、实验室、实训室于一体,营造良好的职业氛围和环境,把"教、学、做"有机结合起来。有些专业实训课可以由同一教师在同一时间、同一地点完成同一教学任务。这样不仅可以节省实训成本,更重要的是提高了实训效果,有利于学生职业能力的培养。

(4)实用性原则。根据高职教育的特点,实验实训教学体系应体现实用性的原则,根据社会需求和学生就业需要,建立完善的实验实训教学考核体系,对于一般性的实验实训教学,可以依据培养目标的要求制定考核办法对学生进行考核;对于职业技能的考核,应采取社会认可的考核方式,一般按社会劳动技能鉴定的方式进行。

(5)一般能力与专业技能相结合的原则。高职教育要使学生在掌握必需的文化知识的同时,具有熟练的职业技能和适应职业变化的能力。实验实训教学体系不仅包括适应学生未来岗位(群)的专业技能,还应包括与专业技能相关的一般能力,如收集处理信息的能力、获取新知识的能力、分析和解决问题的能力、语言表达的能力,以及团结协作和社会活动的能力。

4.3.3 实验实训教学体系的构建

实验实训教学体系(见图4-1)是由实验实训教学活动中的各要素构成的有机整体,具体包含实验实训教学活动的目标体系、内容体系、条件体系、保障体系和评价体系等要素。

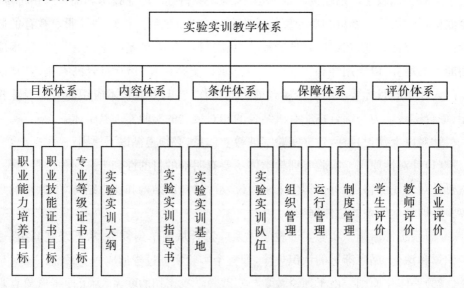

图4-1 实验实训教学体系

1. 实验实训教学的目标体系

实验实训教学目标是围绕实际岗位职业技能而制定的具体要求，应当以市场需要为依据，以学生就业为目的，包括实践能力、职业素质、创业能力、资格认证等几个方面。具体而言，实训教学目标应包括以下内容：

(1) 提高学生对实验实训教学的认知程度。通过实验实训教学，使学生获得知识、开阔眼界，丰富并活跃科学思想，加深对理论知识的理解掌握，进而在实践中对所学理论知识进行验证、拓展和创新，从而提高学生对实验实训教学的认知程度。

(2) 培养学生的基本技能和专业技能。通过实验实训教学使学生具有从事某一行业的职业素质和能力。具体地说，包括四个方面：一是实践能力。实践能力可通过单项能力、模块能力、综合能力和扩展能力的顺序分阶段逐步提高。二是职业素质。社会信息化、经济全球化对专业人才素质提出了更高的要求，实验实训教学体系不是单纯培养实践技能，而应以培养学生的职业素质为目标，注重学生职业道德、奉献精神、团队精神、质量意识和创新意识等方面的培养。三是创业能力。学生学习的根本目的就是满足谋生和未来发展的需要，也就是满足学生创业的需求。通过创业教育可以锻炼学生的择业能力和生存能力，这是高职院校推动就业的重要举措。四是职业资格证书。学生获得职业资格证书，是对学生职业能力的综合检验，也是学生顺利就业的基本保证。

(3) 增强学生的实践情感和实践观念。通过实验实训教学，增强学生的实践情感和实践观念，培养良好的社会公德与责任意识，培养实事求是、严肃认真的科学态度和刻苦钻研、坚韧不拔的工作作风，培养学生的探索精神和创新精神。

2. 实验实训教学的内容体系

内容体系是指各个实验实训教学环节通过合理结构配置而呈现的具体教学内容。实验实训教学内容是实验实训教学目标任务的具体化。为了保证实验实训教学的顺利进行和教学的质量，对于各个实验实训教学环节都必须制定相应的教学大纲和实验实训指导书。如实验（训）教学大纲和指导书、课程设计教学大纲和指导书、毕业设计教学大纲和指导书、毕业实习教学大纲和指导书等。

构建实验实训教学内容体系应围绕职业岗位的技能要求和职业活动规律，以工作过程中的实践活动为主线，设置实验实训教学课程，整合实验实训教学内容，创新实验实训教学模式。以职业岗位需求为导向，完善校内实训基地的岗位技能与仿真生产性实训、校外实习基地的顶岗实习的"递进式工学结合"的人才培养模式,建立循序渐进的"岗位认知见习→岗位基本技能实验→岗位综合技能实训→岗位技能培训→顶岗实习"的实验实训教学内容体系,体现教学过程的递进性、实践性、开放性和职业性。

3. 实验实训教学的条件体系

实验实训教学条件服务于教学内容体系,涉及师资队伍、实验实训设施、场地和环境等诸多方面。

(1)实验实训教学师资队伍的培养。建立一支具有现代教育理念和创新精神、教学能力强、熟悉实际业务流程、掌握过硬技术、乐于教书育人的高素质的实验实训教学师资队伍,是实验实训教学的前提条件。关于"双师型"实验实训教学队伍建设前面已有阐述,这里还是要强调一下,就是要求实验实训指导教师参加全国通用的岗位技能培训,使其在技能上至少取得中级以上岗位等级证书或职业资格证书,并建立理论教师与实验实训教师定期换岗制度和专业理论教师限期通过相关专业职业资格证考试制度。通过强化专业技能考核来提高专业教师的实践能力。

(2)实验实训中心的建设。加强实验实训中心建设,不断改善实验实训条件,大力整合现有资源,优化管理,扎扎实实地建设好各专业的实验实训室。此外,积极拓宽实验实训室创建渠道,鼓励社会资源通过投资、参股等方式参与建设,共创产学研合作教育基地。加强实验实训中心的科学管理,实现资源共享,将实验实训中心资源向社会、企业开放,提高资源的使用效率,实现高校的社会服务功能。

4. 实验实训教学的保障体系

(1)组织管理

由学院对实验实训教学进行宏观管理,制定相应的管理办法和措施。各教学系部和各实验实训中心作为办学实体,具体负责实验实训教学的组织与管理工作。

(2)运行管理

各专业要制定独立、完整的实验实训教学计划,并针对实验实训教学计划编制实验实训教学大纲,编写实验实训教学指导书和任务书,规范实验实训教学的考核办法,保证实验实训教学的质量。根据行业的特点和任务,结合企业的实际需求,安排毕业设计(论文)等环节。对实验实训教学环节应做到六个落实:计划落实、大纲落实、指导教师落实、经费落实、场所落实和考核落实;抓好四个环节:准备工作环节、初期安排落实环节、中期开展检查环节和结束阶段的成绩评定及工作总结环节。

(3)制度管理

加强实验实训教学管理制度建设。实验实训教学工作涉及面宽,要保证组织管理工作到位,必须建立与之配套的管理规章制度,使实验实训教学活动有章法可循、教学监督和检查有制度可依。要制定一系列关于实验实训、实习、毕业论文(设计)和技能竞赛等方面的实验实训教学管理文件,以保障实验实训教学环节的顺利开展。

5. 实验实训教学的评价体系

建立科学、完整的实验实训教学评价体系,是重视实验实训教学,促进实验实训教学质量快速提高,加强实验实训教学过程宏观管理的主要手段。

(1)建立科学、完整的学生评价体系

要加强实验实训教学的指导和管理,每次实验实训都要有实验实训报告或成果,由实训指导教师评定成绩并作好记录。对学生参加实验实训的效果提出严格要求,加强学生综合实验实训能力的考评,制定综合实验实训能力考评方案,确定考评内容与方法,提出考评成绩的学分比重,通过笔试、口试、操作考试及实验、论文等多种形式考评学生的综合实验实训能力。

(2)建立教师评价体系

实验实训指导教师是提高实验实训教学质量的关键因素。应从以下几个方面进行监控:一是看实验实训计划是否符合专业特色;二是看实验实训课题能否培养学生的动手能力;三是看教师能否做到每次课都有目的、有要求,检查是否指导到位;四是看通过实验实训教学,学生能否掌握一种实践操作技能;五是通过查计划、查课题、查实验实训教学中的指导过程,来评价实验实训教学质量;六是学院督导部门不间断地对实验实训教学进行巡视督察,注重收集学生的反馈意见,发现问题后及时调整解决。

(3)建立企业参与的评价机制

这主要针对学生在企业顶岗实习期间,学校对学生的实习过程无法掌控,必须让企业有参与评价学生的权利。这期间学生主要接受企业技术人员的培训和管理,由学校和企业共同制定一些考核表格和标准,主要由企业对学生顶岗实习的效果进行考核,把学生顶岗实习的效果纳入到学生综合考评中。因为毕业生将来还是由企业使用，他们的好坏应由企业说了算，而不是完全由学校说了算。学院每年优秀毕业生的评选也应该把企业的评价纳入其中，这样才更客观、更全面。每年我们都有部分毕业生，学校评价是优秀，而企业对他们的表现却并不是很满意。

4.4　实验实训教学的考核与评价

　　高职教育以培养面向生产、管理、服务工作第一线的技能型人才为办学宗旨，培养出的学生应是工作在生产一线的高技能型人才，应具备良好的职业素质和实际操作技能。正如《教育部关于全面提高高等职业教育教学质量的若干意见》(教高[2006]16号)文件所指出的那样："人才培养模式改革的重点是教学过程的实践性、开放性和职业性，实验、实训、实习是三个关键环节。要重视学生校内学习与实际工作的一致性，校内成绩考核与企业实践考核相结合，探索课堂与实习地点的一体化。"实验实训的效果如何，是我们高职教育能否真正办出成效、办出特色的关键。而实验实训教学的评价考核标准的确立则是衡量实验实训教学效果的重要保证。但是，由于实验实训活动的弹性和非常规性，导致实验实训教学活动难以考核评价。

　　高职院校的实验实训教学课程主要有两大类：一类是为了巩固理论知识而进行理论联系实际的实验教学活动；另一类是具体运用专业知识、技能于实践，进一步拓展和深化专业知识，使职业技能规范化、熟练化的实训教学活动。实验教学分为基础性实验教学和专业性实验教学。一般包括理论验证性、综合性、设计性与探究创新性等实验类型。实验教学应围绕技能型人才培养目标来建立以综合性、职业性、创新性的实验教学模式为主体的教学体系，注重培养学生的实际操作能力、实验创新能力。实训教学是对学生的操作技能、技术应用能力和综合职业能力进行训练的教学环节，一般包括社会调查、案例教学、课程设计、毕业设计、技能竞赛、职业技能训练、生产性实训等训练类型。这一环节是学生获得相对完整的专业技能和职业能力的综合训练。对以实验和实训为主的实践教学课程考核，是高职院校教学改革的一个方面，也是高职院校教师须认真探索研究的一个基本课题。

4.4.1　实验实训教学考核存在的问题分析

目前,高职实验实训教学考核上主要存在如下问题:

(1)考核方法单调

实验课考核采取统一考核模式,考核成绩作为相关理论课成绩的一部分。实验课的成绩主要从课堂实验和实验报告两方面来获得,导致考核方法单一,考核过程简单。由于实验课成绩与理论课成绩合并计算,实验操作过程很容易被忽视。这种考核方法无法避免学生抄袭、应付的行为,所有学生按部就班地做一样的实验,甚至个别学生为了获得平时考勤成绩而到实验室上课,但在课堂上几乎不动手,最后抄袭实验报告上交了事。由于考核方法单调,教师仅凭实验过程学生的表现及实验报告评定成绩,学生缺乏基本的学习兴趣,无法调动和发挥学生动手的积极性和主动性,不利于学生操作能力和创新精神的培养,不利于实验实训教学质量的提高。

(2)考核主体单一

以教师为主体的单一评价,不够全面和客观,与学生的实验实训环境和过程脱节。有的实训课程只是上课时老师打一下印象分,根本不能反映出实验实训教学的效果。有的实训,特别是顶岗实习,更多是与实习单位、企业员工的接触,这些人员的评价更客观实际,而我们的顶岗实习考核往往只要求学生交一份实习报告而忽视企业的评价。以教师为主体的评价方式忽视了学生自身的主体性和能动性,不能很好地体现以学生为主体的教育,学生自主调节能力得不到发挥。

(3)考核功能单项

大多数考核重视鉴定功能,弱化了激励和教育的养成功能。实验实训教学考核应以发展的眼光、正确的导向为基础,积极鼓励、引导每个学生积极投身到实验实训活动中去。高职学生可塑性强,自我约束性差,以鉴定为目的的单项性、终结性评价已不能适应高职教育的发展,需要重新制定考核标准。

(4)考核内容片面

大多数按照理论知识的考核方式,过分偏重于考核学生基本理论、基本知识的记忆和理解,忽略了学生基本技能和基本能力的考核,忽略了学生个性的培养和创造能力的考核,忽略了专业技能和以企业文化为背景的综合素质考核,尤其是缺乏多规格、多样化的素质考核细化标准。

4.4.2　实验实训教学考核的基本原则

1."应会"为主、"应知"为辅的原则

实验实训教学形式的多样性决定了其考核内容应有主有次。就"应会"来看,它主要包括以下几个方面:一是专业设计的基本能力,二是基本操作、调试等的初步能力,三是分析、解决专业问题的初步能力。而"应知"的部分则贯穿于我们的理论教学中。贯彻这一原则的具体做法如下:

(1)平时训练考核与期末考核相结合。"平时考核"指平时训练(主要是实验、实训、设计等)的考核,它的主要目的在于系统而适时地获得反馈信息,以便准确、及时、有效地采取措施调节教学活动,以保证能力培养切实有效地完成。具体做法是:期末考核成绩占总成绩的 20%～30%(这一比例各校可根据具体情况而定),在期末考核前老师将考核目标及要求事先通知学生,这样在考核时能使教学活动紧紧围绕教学目标进行,考核当堂完成,老师要对每个学生完成情况给予评价,对未达标的学生给予针对辅导,对成绩优秀的学生给予鼓励,并为之确定更高目标。

(2)采取多元化的考核方式。所谓多元化,是指考核要从学生发展的多样性、动态性出发,多视角、多层面、多侧面地认识问题,多角度、多渠道地收集信息,以达到促进考核对象发展的目的。多元化考核主要指考核内容、考核标准、考核方法、考核手段、考核主体等方面的多元化。从考核内容来说,从原来只注重知识和一般技能的考核(主要是"应知")拓展到知识以外的学生动手能力、自学能力、创造能力、职业能力和综合素质等能力的考核("应会")。在考核标准、手段上,坚持以人为本,建立多层次、多规格、多角度的考核体系。在考核主体上,包括教师、企业指导教师、学生、小组长等。学生与教师互动,把小组互评与对小组每个人的评价结合起来,把学校评价、企业评价、社会评价(包括用人单位评价)结合起来。

(3)引导学生积极参与评价。在实践教学评价过程中,不仅仅老师说了算,同时要把学生的评价考虑进去。因为每位学生的"会与不会"只有学生之间最清楚、最了解。这样既提高了学生的主体作用,使学生在学习中有成就感,又能吸引学生积极参与实践教学活动,从而提高学生的动手能力,增加了学生学习的积极性。

2.量化评价、过程评价和效果评价相结合的原则

所谓量化评价是指参加实验实训活动的数量,过程评价主要是指在实验实训

过程中所实施的评价,效果评价主要指对实验实训活动最后取得的效果给予评价。量化评价是前提,没有大量的实验实训操作,教师就无法给学生一个准确的评价;过程评价是评价的核心,过程评价是实现由注重实践成绩向注重实践锻炼过程的转变;而效果评价则是综合量化评价与过程评价的一种结论性评价。

3. 教育养成、鼓励发展性原则

首先,要在思想观念上树立教育养成、鼓励发展性评价观,评价是为了发展,使学生养成好的习惯,破除为评价而评价的思想;评价不是为了区分优劣,而要使评价成为促进学生发展和提高的有效途径;要注重过程的培养,精心设计培养细节,避免只重视最终结论性的评价,应以过程评价为主要形式。其次,坚持用发展的眼光看待学生,多角度收集评价信息,多用肯定性评价和导向性评价,根据学生过去的基础和现实的表现,预测性地揭示每个学生未来发展的目标,激励他们通过发展,缩小与未来目标的差距。最后,激发主体自我发展的意识,开发学生的潜能,帮助学生树立自信心,在宽松和谐的环境下,给学生以弹性化、人性化的发展空间,通过这种评价促进学生自觉主动地发展。

4.4.3 实验实训考核标准的确立

实验实训教学的考核标准要体现反映现代高等职业教育特点的教育观、质量观和人才观。职业教育不仅要为社会培养一专多能的技能型专业技术人才,使学生更好地就业、创业,满足学生"可持续发展"的需求。更重要的是,促使学生"学会做人、学会合作"。在实验实训教学的评价形式上,采用以教育养成、鼓励发展性评价为主导,"过程控制评价"、"指标量化评价和模糊指导评价结合"和"多元主体评价"等形式相结合的方式进行。能够量化的标准尽量量化,如任务定额、创新建议、纪律记录、完成产品加工质量指标、成本核算等指标采用表格量化评价。对一些不易量化的指标采用模糊控制评价,评价学生素质发展情况,给出指导性的评价和努力方向。建立由学生自评、互评,指导教师、企业、社会等为主体的评价体系。

1. 职业技能的考核标准

首先,要把实践技能的培养放在首位,重视职业技能的培养和考核。专业技能培养采用模块化教学,分解专业技能知识,细化模块,细节量化考核,为过程控制提供标准,参考技能等级标准,制定一定的分阶段考核标准和最终达标的技能标准。

2. 职业素质的考核标准

可以从以下几方面来评价学生的职业素质:

(1)吃苦耐劳作风的培养、考核与评价。通过对平时表现、劳动态度等信息的收集,利用互评、他评等形式对学生的日常表现进行评价,提出建设性的措施加以锻炼和培养。

(2)团队精神和合作意识的考核与评价。注重在实践教学中与同学、工友、师傅的合作关系,合作关系中的角色与所起的作用等。

(3)创新意识的考核与评价。对从事岗位的认识、建议以及合理的改进意见,积极钻研技术的态度,由学生、教师、技术人员共同参与讨论进行评价。

(4)质量成本意识的考核与评价。产品效益是企业赖以生存的基础,学生应该在此方面有初步认识;根据操作设备、原材料以及加工零件的价格、利润率,让每个学生进行计算,培养这方面的意识。

(5)纪律意识的培养与考核。按企业和学校的规章制度、上岗要求等进行记录考核。如遵守有关规程、制度和完成任务情况等;学生的管理理念、实训态度、专业思想和职业道德等也可纳入。

(6)安全意识的考核与评价。对安全制度的了解与执行程度,采用安全检查员制度,对违反的程度和次数进行记录,进行相应的教育和惩罚。

(7)环保意识的考核与评价。对实验实训中产生的废水、废料的处理,对原料的合理利用,强调对能源的节约意识,采用专业知识教育和平时检查相结合的方法进行考查。

(8)诚信观念的考核与评价。建立学生的诚信档案,培养学生的诚信意识,通过诚信记录对学生进行指导性的教育。

(9)专业认知程度的评价。通过对学生专业知识和技能的学习以及对专业的认识程度,结合学生的兴趣和特点,为学生的职业规划提供建议和指导性的发展方向。

(10)对学生承受挫折的心理素质的考核与评价。高职学生的心理素质不够成熟,需要加强培养与锻炼承受失败的能力。通过确立各项指标的考核标准和评价方式,建立起由企业指导教师、学校指导教师、学生和家长等评价主体参与的评价形式,以发展的观点建立学生的评价档案,结合各分项指标综合给出指导性的评价和建议,指出不足与努力方向,从而有利于学生今后的健康发展。

4.4.4 加强实验实训考核的几种做法

根据实验实训考核的原则与标准,对实验实训考核可以采取如下措施:

1. 重视过程考核,加大平时考核力度

职业技能的形成是一个量的积累过程,因此,实验实训教学环节的考核不仅要重视学生通过实践教学环节所具备的动手能力,而且还要重视学生实训的过程,将实训过程各个阶段的测试分数按适当比例计入该门实训课程总分。指导教师在第一堂课时向学生公布本门课程的考核方式、成绩计算办法。平时考核通过出勤、每次实验实训态度、纪律、操作的规范程度和阶段成果等方面综合评定。对成果的考核最好采用等级,一般分为三类:第一类为实物成果,指学生实训过程中制作的实物等;第二类为学生自己记录总结形成的实训日记、实训作业、实训报告等;第三类为实训室的评语、有关证书等。过程考核还可以采取以下形式:

(1)口头测试。目前,学生在应聘和实际工作中都需要具有流畅的口语表达能力,较强的交往和沟通能力,如旅游服务与管理专业的导游口语训练、市场开发与营销专业的商务谈判等课程,都可以采用口试,以强化学生口语表达能力。

(2)现场测试。一些岗位性比较强的实训考核尽量放在校内实验实训中心进行,使学生在真实工作情境或模拟情境中进行现场操作。如工业分析与检测专业的水质分析就可采取现场测试方式考核。学生通过现场操作可以及时了解自己技能掌握的熟练程度。

(3)现场答辩。在某些实验实训活动中,有些学生采用投机取巧的办法,只是简单提交一份实验实训报告就算完成了实训任务。因此实验实训教学的考核可以考虑现场答辩。现场答辩前,教师应为每位参与答辩的学生准备3~5个问题。一般来说只有真正深入参与实验实训的学生才能回答出。教师通过现场答辩可以及时了解在实验实训教学方面存在的不足,做到有针对性地对学生加以训练。

2. 实行教考分离,确保考核水平的真实性

实施教考分离,不仅是考评学生,同时也是在考评教师。为了减小教师主观因素对学生考核的影响,客观评价教师"教"及学生"做"的实际效果,实验实训教学的

技能考核中宜采用教考分离的方式,这样可以大大加强教师"教"和学生"做"的主动性。可以采取以下方式:

(1)建立技能考核试题库制度。为了客观地评价教师的教学效果和学生的训练情况,避免教学的随意性,应按照实验实训教学大纲的要求建立题库评价,使实验实训教学的考核更加科学化和规范化。

(2)与国家职业技能鉴定接轨,改革实验实训教学考核方法。通过对高职学生进行岗位职业技能培训和职业资格准入考核,进一步加强高职学生的职业技能,强化职业素质,以满足社会需求。在专业技能的考核中,应该与职业技能鉴定接轨,学生完成技能模块的学习后,可直接参加国家或行业的职业技术资格的认证,获得相应的职业资格证书。因为考证的过程本身就是接受职业能力考核的过程。

(3)以赛代考。某些专业课程可以通过参加院级以上的职业技能竞赛,采取"以比促练、以考促训"的方式来代替实验实训考核。

5 实验实训中心的管理

实验实训条件是高职院校进行教学、科研和技术开发的重要办学条件。高职院校实验实训中心的建设事关高等职业教育事业的发展。现在各高职院校的实验实训中心正处于快速起步阶段,往往成为各院校资金投入最大的部门。随着仪器设备数量的不断增多,设施档次的逐渐提高,如何加强实验实训中心建设,管好用好这些实验实训设备,充分发挥其作用,争取较好的投资效益,适应高职教学与科研的需要,便成为各高职院校的一项重要工作任务。

过去一般认为,实验实训中心的管理只是对仪器设备、实训器材和实训教学的管理。这是一种传统的看法,是不全面的。按照现代管理理论,实验实训中心管理应该是政府与学校的各级管理,对实验实训系统及其运作全过程的管理,即从实验实训中心的规划、设计、建设、使用、维修、改造以及调整和"退役"全过程的管理。

5.1 实验实训中心的常规管理

实验实训中心是一个由人、财、物、教学、信息等诸多要素构成的实体。按照系统论的观点,它是一个系统,具有系统的属性。构成中心系统的内部诸要素之间,以及系统与外部环境之间,相互联系,相互作用,以推动实验实训中心系统的发展变化。实验实训中心的系统管理不是孤立地对其中某一要素的管理,而是要求管理者从实训中心的整体出发,把系统内部各要素结合起来,进行全面分析,以达到最佳管理目的。这种管理工作涉及学校的教学、科研、生产、财务、基建、物资、人事以及后勤等部门,任何一个部门都不能对其包办,只有各管理部门都遵循系统管理的原则,在工作中密切配合、相互协调,才能把实验实训中心管好。

5.1.1 实验实训中心的管理体制

实训中心的管理体制是指实训中心的领导体制、隶属关系和管理方式。管理体制确定得是否科学合理将直接影响着指导教师和管理人员的积极性,影响着实训中心的功能发挥和工作效益。

目前,我国高职院校实验实训中心的管理体制还处在一个探索阶段,如有的院校设立实训中心建设指导委员会,负责加强对实验实训中心的建设管理;有的院校由一名分管教学的院级领导直接挂帅,分管学院实验实训中心;有的院校实行院、系两级管理,加强对实训中心的管理;有的院校实行实训中心主任负责制;等等。如何确定实训中心的管理体制,最基本的原则是:①因校制宜,根据学校所在的区域经济发展以及学院的办学特色和专业设置来确定。②要打破部门分割的封闭状态,从提高实验资源的综合实力出发,将"分散设置"的实验资源整合起来,统一归口到一个行政主管部门管理,实现资源优化配置;做到"集中建设,统一管理,共同使用"。③要与学院的教学管理体制相一致,因为教学管理体制和实训管理体制是相互制约、相互影响的。

总之,实训中心的管理体制要从全面出发,从提高实验实训质量出发,并尽量减少层次,方便基层,才有利于管理制度化、规范化和现代化。

5.1.2 实验实训中心常规管理的内容

1. 行政管理

(1)研究中心的工作方针、条例、制度以及各种有关规定和方法。

(2)制定中心的建设计划,包括长期的发展规划及目标,近期的建设计划和保护措施,以及中心的年度计划和实训方案。

(3)加强对实训技术队伍和中心管理人员的思想教育,以及定编、调配、使用、考核、晋升等人事管理。

(4)组织对中心管理效益的研究、检查、评价,以及管理经验和学术交流。

(5)负责中心的有关事务管理和文件等其他材料的处理。

2. 制度管理

只有齐全、严格的管理规章制度,才能保证实验实训中心正常运转并发挥最大效益。由于不同的实训中心工作任务差别很大,不同实训中心的组织形式也各不相同,其常规管理制度也就会有很大差别,但以下几方面是共同需要的。

(1)实验实训教学管理制度。如实验教师岗位职责、实验管理员岗位职责、学生实验实训守则、实验室安全管理制度等。

(2)仪器设备的购置、验收、调试和使用制度。

(3)技术资料管理制度。包括长期保存的技术资料和定期保存的资料。长期保存的资料有国家、地区、部门有关的政策、法令、文件、法规,产品技术标准,仪器设备说明书、合格证、明细表和台账,产品图纸和工艺文件等。定期保存的资料有各类实验实训的原始记录、实验实训报告、耗材发放登记表等。

(4)技术安全管理制度。实训中心所有工作人员都应自觉遵守安全制度和有关规定,做好一些技术资料的保密工作。

3. 技术管理

技术管理是对实训中心内部要素有关技术、质量和性能方面的管理。不能认为实训中心的技术管理就是实训设备、实验器材的管理,或者只是设备、器材的技术管理,而应该进行以下方面的管理:

(1)实验设备的技术管理。仪器设备的技术论证、技术验收、技术安全、技术维修、更新改造和功能开发。

(2)实验物品的质量管理。材料的验收、保护和质量检查。

(3)实验实训队伍的业务管理。搭配专业结构,建立业务梯队,进行技术培训。

(4)教学、科研的内容和方法管理。实训内容的开设、调整和更新。

(5)实训场所、器具等各种专用设施的管理。如建造质量、技术性能和完好程度。

(6)实训档案管理。信息及图书资料的管理。

4. 经济管理

实训中心的经济管理就是要追求实训中心的经济效益。它要求管理者在管理过程中遵循经济性原则,合理而有效地使用实训中心的人力、物力、财力、时间和信息,从而取得最佳经济效果。

(1)实训中心经费管理。合理分配实训经费,有计划地使用各项经费,做到开源节流,财尽其用。

(2)实训设备的经济管理。搞好仪器设备的经济论证,合理选用。开展专管共用、修旧利废,使各种仪器设备充分发挥其最佳效能。

(3)实训物品的经济管理。按照物资的流通规律,搞好物品的计划、采购、供应、库存等工作。进行物资管理改革,既要保证供应,方便使用,也要尽量减少积压浪费。

(4)合理设置和使用实验室。如减少重复设置,节省各项建设经费,加强维修保护,延长设备的使用寿命。

(5)合理使用人力,科学分配时间,及时、灵通掌握信息以提高实训中心的工作效率。

(6)实训中心在对外服务方面(技能鉴定、人员培训等)的经济管理问题。

5.1.3 具体管理工作

1. 实验实训教学的组织实施

(1)实验实训条件的准备

在实验实训之前,准备各种仪器设备,使之处于完好状态,并准备一定的实验耗材、实训工具等。

制定实训项目卡片,其内容包括课程名称、实训项目名称、实验班次、人数、时间、指导老师等。

(2)实验实训教材的准备

应根据每门课的课程标准选择或编写实验实训教材、实验实训指导书、实验实训任务书等。

(3)实验实训指导

要严格执行实验实训预习制度,检查学生实验实训的预习、准备情况。实验实训时,指导老师应以简明方式讲解实训操作过程中的注意事项、安全问题等,并对学生的实训过程加以指导。

(4)实验实训考核

实验实训考核是检查实验实训效果和教学质量的重要方法。关于实验实训考核,本书前面章节已阐述,此处不再赘述。

2. 实验实训设备管理

包括实验实训设备的计划管理和常规管理。

(1)实验实训设备的计划管理

①实验实训设备经费的分配。总的原则是"保证重点、照顾一般、综合平衡、合理安排"。具体是：重点保证必开的基础实验实训，分期分批安排重点专业课实训设备，统筹安排通用性、公用性设备，充分考虑设备的使用效率。

②实验实训设备购置计划的编制。在编制计划时要注意：设备的功能、设备的可靠性、设备的互换性、设备的成套性、设备的售后服务等。

③实验实训设备计划的实施。现在大都采用政府集中招标采购的方式进行，仪器设备到校后要积极开展设备的验收、安装、调试等工作。

(2)实验实训设备的常规管理

仪器设备自投入使用到服役结束的全过程(从编号、登记、使用到报废)，叫做设备的常规管理。主要有设备的分类编号、设立设备卡片、设立固定资产账单、设备的变更(对外调拨、报废、报损报失、拆改等)。

3. 实验实训在用物品管理

实验实训在用物品是指实验实训中心为了保证实验实训和教学研究的日常消耗和维修需要，而准备的常用的专用物品的限量部分。

在用物品的管理要依靠各实验室进行，物资管理部门要制定一些有关的规章制度，设计一些统一要求的账册、卡片，督促使用单位进行管理，如《在用材料、易耗品记录卡片》、《低值品登记簿》、《借用设备、工具登记簿》等，各实验室有责任用好、管好。在用物品要努力节约，反对浪费，反对一切损害公共利益的行为。

实验实训中心在用物品管理上应做到：

(1)使用单位凭领料本领料，领料本由学院统一印发，使用单位指定专人管理和使用，不得借用。领料时由实验实训中心主任签字，否则库房有权拒绝发料。

(2)使用单位保存的在用物品，应根据学院物资部门的规定建账，做到有品名、有数量的记载。账和物的管理要落实到不同的人。

(3)发料单、领料单、调拨单等原始凭证要妥善保存，每学期装订成册，以便查对。

(4)要搞好器材消耗定额，降低消耗、降低成本，加强经济核算。

(5)厉行节约、反对浪费，做好物资回收工作，对回收报废的器材，要上交物资管理部门统一处理入账,不得私自处理。

4. 实验实训中心技术资料管理

每个实验实训中心都会有一些设备资料、数据台账、定期刊物、专业书籍等,经过长期积累数量逐渐增多,应妥善保存和管理。

(1) 资料的分类

大体可分为以下几类:

①资料类。包括归档的原始记录、学生实验实训报告;各种仪器设备的档案材料;各种会议材料;各种项目材料;各类总结报告;各类培训的历史资料等。

②基础材料类。包括现行的产品标准、有关的基础标准和规定;中控、半成品分析规程;与本实训中心有关的国际、国内标准;国内外先进企业标准;有关质量管理的法令、法规、制度和规定性文件;与本实训中心有关的生产工艺规程等。

③专业技术图书、定期刊物类。

④工具书类。包括一些字典、词典;各类手册、说明书;各类汇编;索引、文摘、目录等。

(2) 资料的管理

①中心的资料、图书可按量的大小设专门的资料室管理,也可分柜、分架管理。无论哪种方式都要专人管理。

②资料、图书应分门别类摆放。对原始记录、实验报告、报表台账等应按时间顺序摆放,以方便查找。

③资料的借阅要有严格的手续,以防丢失。

实验实训中心应有技术资料档案管理制度,要经常收集本行业和有关专业方面的技术资料,并注意妥善保管。

5. 实验实训中心环境管理

保持实验实训场所的环境卫生,在实验实训场所要能体现一些企业文化;实验实训过程中,特别是一些生产性实训,可能会产生一定量的"三废","三废"的处理要严格按照有关规定执行。

6. 实验实训队伍管理

现代化的实验实训设备是实验实训中心的硬件;而高素质的实验实训队伍是

软件,决定着硬件的功能。因此,建设和管理好实验实训队伍是实验实训中心发挥其效能的先决条件。

5.2 实验实训中心设置模式分析

教育部《关于制订高职高专教育专业教学计划的原则意见》强调加强实践教学环节,增加实验实训的时间和内容,实验实训课程可单独设置,以使学生掌握从事专业领域实际工作的基本能力和基本技能,同时强调三年制专业实践教学一般不低于教学活动总学时的40%,甚至要达到50%。因此,加强实验实训管理工作是高职院校教学管理的重要内容,是高职教育的重要特色。当前加强对高职院校实验实训中心管理模式研究十分必要和紧迫。

5.2.1 实验实训中心设置模式

不同高职院校由于学校成立的历史背景不同,地域环境不同,专业结构与性质不同,或者管理体制不同,实验实训中心设置模式也不相同。目前高职院校实验实训中心设置主要有以下几种模式。

模式一(见图5-1):院实验实训中心与教务处、各教学系部平级,由分管教学副院长统一领导。学院实验实训中心和各教学系部共同对各教学系部下的实验实训中心进行管理,各实验实训室由各系部实验实训中心管理。

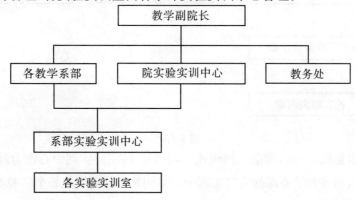

图5-1

模式二(见图5-2):与模式一不同的是,各教学系部实验实训中心归口院实验实训中心统一管理。各教学系部支持、配合院实验实训中心对各系部实验实训中心的管理。各实验实训室由各教学系部实验实训中心直接管理。

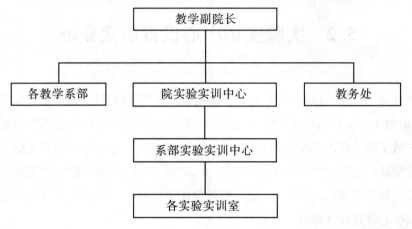

图5-2

模式三(见图5-3):与模式二不同的是,各教学系部实验实训中心仍由各教学系部管理,院实验实训中心指导、支持各系部实验实训中心的教学管理工作。各实验实训室仍由各教学系部实验实训中心直接管理。

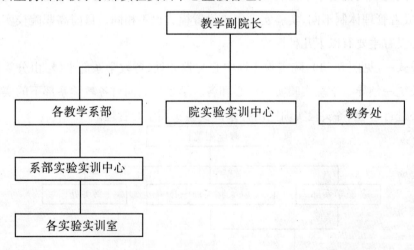

图5-3

模式四(见图5-4):和前三种模式不同的是,院实验实训中心作为教务处的一个下设机构,和各教学系部的实验实训中心共同直接管理学院各个实验实训室。

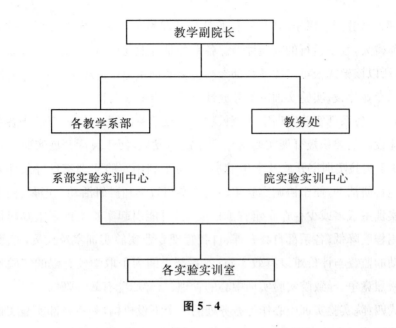

图 5-4

5.2.2 实验实训中心设置模式分析

主要从实验实训教学运行畅通性、专业建设与发展有利性、资源利用有效性、实验实训室建设有利性、教师实验实训教学开展的积极性、学生参与实验实训活动的有效性等方面对实验实训中心设置模式的优势与缺陷进行比较分析。

模式一:学院的实验实训中心和教务处平级,能有效调动学院实验实训中心对全院各系部实验实训中心管理的积极性,同时也为院实验实训中心高效完成实验实训工作和实验实训室建设提供了体制保障。各教学系部直接管理系部实验实训中心,这样有利于专业建设和实验实训室建设。但由于院实验实训中心和各教学系部共同对各系部实验实训中心进行管理,在实验实训人员管理方面会产生一些不必要的矛盾,实验实训资源得不到充分利用。此外,教务处不直接管理院实验实训中心,容易造成理论教学与实践教学的相互对立。

模式二:实验实训的人、财、物高度集中,便于统一管理,便于学校资源的有效整合与利用,能够有效监督和督促各系部实验实训中心开展实验实训教学工作。利于实验实训计划、过程控制、总结、数据收集等教学文件的整理与归档,在一定程度上提高实验实训管理人员的工作效率。但由于实验实训教师与实验实训财、物及管理人员分别隶属于不同部门,尤其是开课教师与实验实训管理人员的衔接与沟通障碍大,教学运行的畅通性差。各系部是专业建设,包括实验实训室建设的主力军,所以该模式很难发挥各系部参与实验实训室建设的积极性和主动性,不利于各系部专业建设,实验实训室的开放性及学生有效参与性差。

模式三:各系部实验实训室人、财、物由各教学系部统一管理,有利于各系部根据专业建设的需要积极开展实验实训室建设与发展,便于灵活开展实验实训教学活动,便于实验实训室开放及学生的参与,便于利用实验实训室良好条件开展社会服务与科研活动,便于协调实验实训人员参与教学和科研活动。但是,由于各系部实验实训室或多或少存在一定程度的交叉,可能引起实验实训室重复建设或者资源利用程度降低;各系部自我开课、自我管理专业实验实训室及人员,实验实训开课活动的监督与评价难以有效实施;各系部之间为争取学校有限的实验室建设经费而激烈竞争,导致院实验实训中心的管理、指导职能有效性降低。

模式四:院实验实训中心作为教务处的一个下设机构,和各系部实验实训中心共同直接管理各实验实训室。这样就减少了管理环节,提高了教务处对实验实训教学管理的统一性、直接性、控制性,提高资源利用的快捷性、灵活性。加强了教务处对院实验实训中心的直接领导,便于理论教学与实践教学的有效融合,便于教务处对各实验实训中心教学情况的掌控。但由于实验实训教师与实验实训财、物及管理人员分别隶属于不同部门,开课教师与实验实训管理人员的衔接与沟通障碍仍然存在。院实验实训中心和各系部实验实训中心平级,会造成院实验实训中心对各系部实验实训中心管理的有效性降低。此外,教务处是具有管理职能的行政部门,而实验实训管理人员又是承担一定教学与管理任务的教学辅助人员,两者混合在一起,不利于整体的管理与运行。

5.2.3 结语

实验实训中心管理要依托一定的管理机构来完成,虽然不同院校管理体制不同、基本条件不同、专业设置特点不同、办学背景不同,但各高职院校在设置实验实训中心时,都应遵循以下原则:

一是要有利于教学运行管理畅通。教学运行管理是学校组织实施教学计划最核心、最重要的管理,在设置实验实训中心时,务必要考虑管理运行的畅通性,即要充分考虑学校、教务处、各教学系部、实验实训管理机构、教师、学生之间教与学及管理的畅通性和有效性。

二是要有利于人才培养。实验实训教学活动是高职院校人才培养的重要内容，实验实训中心的设置要服务于人才培养方案的贯彻执行，充分发挥教师开展实验实训教学的主观能动性，充分调动学生参与实验实训活动的积极性。

三是有利于专业建设与发展。"技能"培养是高职院校专业建设的重要内容，实验实训中心的设置要能够引导和促进学校专业的建设与发展。

四是要有利于资源的最大化利用。实验实训设施建设需要投入大量的资金和大量的人力管理工作。实验实训中心的设置既要能够保障学校实验实训教学活动正常有效地开展，又要最大限度发挥资源利用的有效性，避免设施的重复建设和师资的重复引进。促进设备利用率和师资工作效率的提高。

五是要有利于实验实训室建设可持续发展。实验实训设施建设过程是一个不断新建、扩建、改造的发展过程，实验实训中心的设置要有利于实验实训室自身的建设和可持续发展。

因此，各高职院校在设置实验实训中心时，应以保障人才培养模式中实践教学体系所要求达到的操作能力、专业技术应用能力、专业技能、综合技能等实践能力的实现为依据。不同的设置模式都有其自身的特点，要做到因校制宜。

5.3 实验实训中心管理模式改革

建立科学合理的实验实训中心管理模式是高职教育教学改革的重要组成部分，是提高实验实训教学质量的基础。实验实训中心管理模式的改革与创新必须有利于学生实践创新能力的提高，调动实训中心工作人员的积极性、创造性，促进实训中心创新功能的发挥。因此，不断进行实验实训中心管理模式的改革创新，形成适合自身特色的实训中心管理模式，是一个值得探讨的问题。

5.3.1 目前高职院校实验实训中心管理中的问题

目前，高职院校实验实训中心管理基本沿用了普通本科院校的二级或三级实验室管理模式。由于高职教育与普通本科教育之间具有较大差异，实验室建设的目标和功能、实验实训教学内容、实验实训师资等方面也存在明显区别，使得现有的实验实训中心管理体制难以适应高职教育的发展。虽然大部分高职院校在保持原有管理格局的基础上,结合高职教育的实际要求,对实验实训中心管理模式进行了一些局部的调整,如为了突出实践教学在高职教育中的地位,独立设立实验实训中心等,但问题并没有从根本上得到解决。

1. 传统教学管理理念制约着实验实训中心管理模式的改革

传统教学管理理念主导下的实验实训教学管理基于理论与实践二元分离的观点,从而出现理论教学与实践教学、理论教师与实训指导教师管理的隔离。在高等职业教育中,强调的是理论与实践的整合,实践教学已经不再是理论教学的附属和延伸。但由于教学管理和实训中心管理模式改革的滞后,使得理论教学与实验实训教学管理继续沿用普通本科院校将理论教学与实践教学、理论教师与实训指导教师划分为两条线来进行管理的做法。在日常的运行过程中,高职院校教务处与实验实训中心在实验实训课程体系建设、教学管理和质量监控等管理职能划分上,也存在缺位的现象。

2. 实验实训室建设和运行管理存在脱节

实验实训室的场地、设备等硬件建设和实训课程体系等软件建设,都是实验实训室建设重要和不可分割的内容。但在目前的实训中心管理模式下,作为实验室管理主要职能部门的实验实训中心,对实验室建设的关注重点是硬件建设,在建设方案的设计、论证和审批时,往往重点从资金的安排、场地的分配、设备的配置等硬件建设的角度来考虑问题,而对实验实训课程建设、项目开发、实训教学组织及实训质量管理等要素考虑不足,这种状况在很大程度上制约了实验实训室建设和功能的正常发挥。

3. 实验实训师资队伍管理困难

根据人才培养模式改革的要求,高职教育突出融"教、学、做"为一体的教学模式改革,实验实训和理论教学深度融合,具备双师素质的专业教师既要充当理论教师,又要指导开展实验实训。此外,学院还要聘请大量行业企业的专业人才和能工巧匠担任兼职教师。而传统意义上的专职实验员将不再发挥实验实训指导主体教师的作用。因此,由专业教师为主体,行业企业兼职教师为补充,少量专职实验员为辅助组成的实验实训师资队伍在结构上发生了根本性的变化,管理难度大大增加,使得原有的实验室管理模式难以适应。

4. 实验实训室的分散管理影响实训中心的发展

功能综合化、环境职场化、运行市场化是高职实验实训中心建设发展的方向。按照分级管理的模式,容易出现功能单一和管理上各自为政的局面,造成实验实训设备资源和人员的分散,难以实现课外全天候开放和资源共享的要求,难以担当面向市场的重任,影响各实验室功能的发挥。

5.3.2 实验实训中心管理模式改革的主导思想

实验实训中心管理模式要适应高职教育改革和发展的要求,要为教学过程的实践性、开放性和职业性为重点的人才培养模式改革创造条件,要为任务驱动、项目导向等的教学模式改革提供基础保障。实验实训中心管理模式改革要体现现代职业教育理念,管理重心要从硬件管理向实验实训教学管理转移,协调好建设与运行的关系,强化师资队伍管理和实验实训质量管理,充分发挥实验实训中心在培养学生综合职业能力、提高职业素养方面的重要作用。

(1)体现以教学为中心的理念。校内实验实训室是高职院校实践教学改革成果的集中体现,是实验实训教学理念的具体表现,是实验实训内容、方法、手段、组织形式改革的物质载体。实验实训中心管理体制的构建要体现以教学为中心的思想,要为教学改革服务,为高素质的职业人才培养服务,要为充分发挥校内实验实训室在高技能人才培养中的作用提供保障。

(2)协调硬件建设与软件建设。实验实训中心建设应该包括硬件建设和软件建设两个方面。硬件包含场所、设备、场景布置及技术软件等;软件指教学理念更新、教学内容改革、实验实训方法和手段创新、实验实训资料建设等。片面重视硬件建设的思路最终往往使实验实训室成为一个中看不中用的摆设。实验实训中心的建设和管理,必须以现代高职教育理念为指引,从建设项目设计开始,就将建设和教学紧密结合起来,统一规划实验实训室的建设与运行。实验实训室的硬件建设是为实验实训教学服务的,场景布置、设备配置都以实践教学改革为先导,要体现最新的职业教育理念,要为培养学生的实践能力服务。管理体制改革的重要思路就是要避免以硬件建设为主导的职能部门的设置,从制度上保证实验实训室硬件建设和软件建设协同规划,同步推进。

(3)强化实验实训教学内涵管理和质量管理。实验实训中心管理要突破仅仅针对财产设备管理的理念,将管理重点从设备利用率、完好率、实验开出率等表面运行统计指标的管理,向实验实训教学内容、质量、课外开放程度、实训指导教师等内涵管理转变,要强化通过实验实训过程的质量管理,促进实验实训中心在高职人才培养方面功能的发挥,提高实验实训室绩效。

(4)灵活管理形式。随着高职教学模式改革的不断深入,行业兼职教师参与实践教学将更加普遍,生产性实训的比例将大幅度提高,任务驱动、项目导向的教学模式也将使教学组织形式更加丰富多样。高职教育加强工学结合、产学合作,这对实验实训中心面向市场也提出了新的要求。在新形势下,需要构建更加灵活、敏捷的实验实训中心管理模式。

5.3.3 实验实训中心管理模式改革探讨

我国高职院校实验实训中心管理模式改革目前还处在探索阶段。但实验实训中心管理模式改革的一个总的目标,就是要把实验实训教学与实验实训中心管理有效地融为一体,体现出改革要坚持突出学生的动手能力原则、资源共享原则、结构优化原则和教育改革走上内涵发展道路的原则。随着高职教育的快速发展,在实验实训中心管理模式方面,出现了如下一些管理模式。

1. 以专业群为基础、以教研室为依托,突出实验实训教学的管理模式

学校按专业群组建实验实训中心并归属实验实训实体(教研室),统筹安排实验实训教学计划,使教学资源得以充分利用,实现资源优化配置与共享。该管理模式的具体体现有:

(1)实验实训中心管理以教研室为依托。将与实验实训教学相关的教研室纳入并参与实验实训中心建设管理。教研室与实验实训中心的紧密结合,能很好地协调课程理论教学与实践教学的关系;教研室直接参与实验实训中心的建设,每位教师参与相关课程的实践教学,更好地落实教学计划中规定的实践教学课时量和内容。

(2)实验实训中心建设紧紧围绕专业群建设。实验实训中心在规划和建设中应与专业群建设相一致,围绕教学的目标即学生的职业能力进行设计建设,使得实验实训中心建设与专业群建设、课程建设相匹配,在功能、设备购置等方面注意专业和技术发展的方向,防止建成后就过时或不用而造成浪费。

(3)实验实训中心运行以教学要求为目标。实验实训中心的设备管理、设备利用率、开放时间、环境条件等,都要与教学要求相吻合,如同企业设备的完好是为了保证产品的质量。设备利用率关系到产品的成本,对学校而言,学生使用设备越多,利用率越高,则学生技能就越好,教学质量就越高。实验实训中心的管理就是要创造条件,满足相应专业的学生学习技能、学好技能的需要。

(4)实验实训中心设计以课程为导向。以往的实验实训中心建设对场地和设备因素考虑较多,而对课程因素考虑较少。实际上,实验实训中心建设是专业建设和课程开发的组成部分,是为实施课程教学服务的,其设计要满足课程教学内容的需要。专业课程教学应安排在实验实训中心进行,可随时进行真实的示范和操作,课程的教学进程和步骤紧紧围绕技能训练。这种教学要避免学科导向,即实践服务于理论,应采用实践导向,即以实践为核心,理论服务于实践。教学应以工作任务为基点,通过完成任务或项目来使学生掌握实践技能和理论知识。应把教学的重心从教室转移到实训室。

(5)实验实训中心布局以生产现场为样板。实验实训中心应模拟企业生产现场,有原料产品仓库、生产车间、产品检验室、办公室等,学生管理即签名点到由办公室具体管理,材料领取到仓库,实验实训在车间。实验实训中心各类管理人员承担不同的角色,使学生在实训时,能有真实工作环境的感觉。学生通过仿真或真实的工作任务,学习实际操作技能和相关理论知识,同时形成良好的职业素养。应避免将实验实训中心建成教室模式。

2. 信息化管理模式

随着计算机网络技术和信息产业的蓬勃发展,实验实训中心信息化也提上了建设日程。实验实训中心信息化就是在现代教育思想的指导下,利用先进的计算机技术、网络通信技术、多媒体技术,对实验实训中心的各种实验实训资源进行适当处理,并通过网络进行管理,使得实验实训中心在时间和空间上都得以延伸,大大提高实验实训中心运行的效率。信息化管理系统一般下设"实验实训教学管理"、"仪器设备管理"、"实验实训室管理"三个子系统,能实现实验实训教学的网上管理、仪器设备状态的实时监控与各项报表的快速生成、实验实训室使用情况的自动化统计等功能。管理系统如图5-5所示:

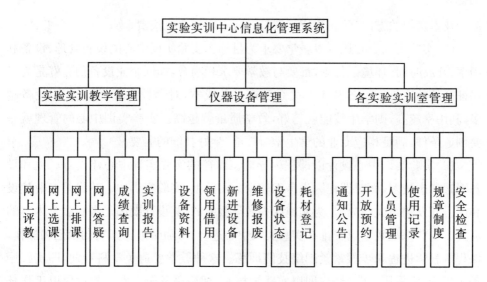

图 5-5 实验实训中心信息化管理系统

实验实训教学子系统改变了以往传统实验实训教学模式,将实验实训项目的开设流程网络化,从实验实训时间和实验实训内容的选择方面赋予学生一定的自由度。系统采用学生自主安排学习进度、教师全程监督指导的方式开展实验实训教学,有助于培养学生的学习主动性和能动性,同时能实现师生之间的及时互动,进而达到因材施教的理想教学效果。

仪器设备管理子系统主要实现仪器设备状态查询和各项报表生成功能。实训指导教师可根据实验室情况填写设备维修、报废、耗材申请、领用借用等报表,中心管理者批阅教师提交的报表。各项报表的网络化管理,避免了以往传统纸质文件报表不易于保存、审批过程繁琐等问题,较大程度上提高了实验实训中心工作效率,同时也降低了办公成本。

实验室管理子系统下设通知公告、开放预约、实验实训人员管理、各实验室使用情况以及安全检查的一些规章制度等,共同实现实验室管理工作的自动化统计。

实验实训中心信息化管理系统以实验室管理的信息化带动实验实训教学改革,在培养学生自主学习能力的同时,简化实验实训中心管理程序,提高工作效率,加大了信息的透明度和及时性,代表着未来实验实训中心管理发展的主流方向。

3. 开放式管理模式

实验实训中心的开放式管理主要包含两个方面:一是时间上的开放,二是空间上的开放。

时间上的开放形式有:①预约开放。通常是以项目的形式进行,学生首先填写开放实训项目申请表交实验室,实验室根据实训项目内容和预约时间,安排实训指导教师对整个实训项目进行指导。②定时开放。根据实验室的实验教学安排,通过实训中心网站公布固定的时间向学生开放,学生可以根据自己的情况,在开放时间内进入实验室做实验。③随时开放。学生不受时间及实验内容的限制,经过登记可随时进入实验室进行各种实验。

空间上的开放主要指实验实训场所的开放,因为有的实验室可以向学生开放(如天平室、基本工具室等),但有些实验室还不能直接向学生开放(如一些大型的或精密的实验仪器设备等)。

从开放的对象来看,包括对学生开放、对教师开放和对社会开放。实验室对学生开放,一方面调节供需矛盾,另一方面,可以调动广大实验人员的积极性,由被动变主动,鼓励实训指导教师参与学生的实验开发,实施技术服务和创收活动,这样不但可以提高设备的利用率,有利于培养学生的实验能力和创新能力,同时实验实训中心又可有一定的经济收入。

根据高职院校的办学特点和教学实际情况,实验实训中心的开放大体有如下三种情况:

(1)综合性、设计性实验实训项目开放实验室

综合性实验是实验内容的综合,涉及相关的综合知识或运用综合的实验方法、实验手段,对学生的知识、能力、素质形成综合的学习与培养的实验。综合性实验的特征应体现在:实验内容的复合性、实验方法的多元性、实验手段的多样性、人才培养的综合性。设计性实验是指教师给出实验目的和实验条件,让学生自行设计并自行完成的实验,旨在培养学生的质疑能力、探索精神和创新能力。

(2)科技创新、科技竞赛项目开放实验室

在高职院校大力开展科技创新活动,不仅可以激发学生的创新热情(甚至将来的创业热情),开发学生的创新潜能,提高学生的创新能力,而且可以充分发挥其载体作用,进一步挖掘科技创新活动的育人功能,促进学生全面发展。目前许多高职院校都开展科技创新节活动,往往安排一些科技竞赛项目。科技竞赛要求在限定的时间内完成赛题的设计,由于赛题涵盖的知识面广、技术含量高,既要求学生理论联系实际,具有较强的动手能力,又要求学生具有较好的分析与解决问题的能力,还要求学生具备高度的团队协作精神,这对参赛者来说并非易事。科技竞赛既

可以锻炼他们良好的意志品质,又可以培养其精益求精、吃苦耐劳的心理素质,以及百折不挠、坚忍不拔、勇往直前的探索精神,这无疑有助于学生非智力因素的培养,有助于综合素质的提高。

(3)毕业设计(论文)、课程设计所要求的实验项目开放实验室

开放实验室彻底将过去的"被动式训练"变为"主动探索式"实验,增加了学生接触仪器设备的机会,提高了仪器设备利用率。由于开放实验室把学生放在学习的主体地位上,突出了学生自主进行实验的特点,教师仅起指导和监控的作用,使学生有独立思考、自由发挥、自主学习的时间和空间。学生的创新能力和动手能力得到了极大的提高。

实验室的开放是一个新的运行模式,加大实验室的开放力度,促进实践教学改革,改善实验实训条件,提高实践教学质量,是适应高职院校人才培养的需要。做好实验室的开放工作,必须领导重视,广大教师积极参与,同时加大实验实训设备的投入力度,扩大实验(实训)室的规模,增强实验实训设备的功能。实验室的开放需要建立起开放性的实验室管理体制,管理是实验室开放的关键。由于实验室具有开放性和流动性的特点,学生、教师、项目、仪器和材料的管理都是必不可缺的,做好这几方面的管理,需要建立起一整套高效运行的管理制度:开放实验室的工作程序、学生实验守则、仪器设备管理制度、药品耗材管理制度、安全卫生管理制度、开放实验的预约制度以及开放实验的考核制度等,从而形成开放性的实验室管理体制,保障开放实验室正常、高效运转。

4."专管共用"管理模式

近年来,随着高职院校办学规模的不断扩大,对实验实训设备的投入也在逐年增加。特别是一些大型仪器设备,过去只有一些普通高等院校才会购置,现在在高职院校中也算不上稀奇。但随之而来的问题,就是如何对这些仪器设备进行管理。随着各系部组建各自的综合实训室,谁都希望自己的实验室拥有更多、更好的实验仪器,尤其是贵重的大型精密仪器。如果采用谁管谁用、谁用谁管的管理模式,势必导致各实验室之间各自为政,为购买贵重仪器你争我夺,重复申购,领导也左右为难。而一旦贵重的大型精密仪器进入某个实验室,就几乎成为该实验室的"专用"物品。于是一方面大型精密仪器达不到额定的使用机时数,另一方面其他部门很难有机会使用,宝贵的资源得不到充分利用。而实行"专管共用",是解决以上问题的一种较好的管理模式。

实行"专管共用",首先要明确管理范围、管理部门和服务对象等。明确管理范围,就是根据实验室和仪器设备的特点,明确哪些实验室或仪器设备实行专管共用。应尽量把通用性较强、投资较大的实验室和大型精密仪器设备划入专管共用范围内。由学院统筹规划,经学院资产管理部门统一登记之后,再划归各相关部门管理。明确管理部门是指:基础共用实验室仍由实验实训中心进行管理,通用性较强的专业实验室也划拨为实验实训中心管理,由实验实训中心统一安排管理人员;通用性相对较差,主要为本系部学生提供服务的专业实训室则由相关系部管理,由系部安排管理人员,但其必须是固定的、专业的专职实验老师。

明确专管共用的实验室或仪器设备的服务对象,是指要明确哪些可以面向全体教师,哪些可以面向部分教师和学生,哪些甚至可以面向社会服务。有的虽然可以对外开放,但是对使用者的知识水平、操作技能有较高要求,这些要求需要达到什么标准也要明确。

为便于管理,大型精密仪器设备原则上应集中放置,尽量放置在实验实训楼,由实验实训中心集中统一管理,院内所有教学、科研部门共用。对于确实需要放置在各系部综合实训室的大型精密仪器,则由各系部分管。

"专管共用"管理模式不但提高了实验室和仪器设备的利用率,而且有利于培养广大师生的仪器操作技能和实践动手能力,从而提高实践教学和科研水平,使有限的资源发挥更大的效益,这对探索科学合理的实验室管理模式是十分有意义的。

5.3.4 改革管理模式应注意的几个问题

改革实验实训中心的管理模式,要特别注意以下三个问题:

(1)实验实训中心管理改革要因校制宜,不能操之过急,采取什么样的方式,需要站在全局的高度认真研究。这些问题要在实践中探索,在实践中总结。面对高职院校实验实训教学改革的机遇,我们应当勇于探索,迎接挑战,与时俱进,不断发展。

(2)重视实验实训队伍的建设,提高实验人员的积极性。在实际工作中应避免实验人员在工资待遇、晋职晋级、住房保障等方面同理论课教师区别对待。

(3)新体制是在旧体制上继承发展的,事物总有两面性,旧的实验实训中心管理模式也有许多优点,比如教研室对实验要求清楚,指导具体,与实验员联系方便,而且教师是开设新实验、筹建实验室的主要技术力量。如何保持这些优点值得探讨。

　　总之,新的实验实训中心管理模式的建立,为实验实训教学课程体系和实验实训教学内容的改革提供了探索平台,为实验技术人员的培养和培训提供了有利条件。实验实训中心管理改革是项长期而艰巨的任务,只有不懈努力,不断探索,才能使高职教育的实践性教学环节走向科学化、规范化、职业化,为国家培养出更多的"高素质、高技能"人才。

6 实验实训中心建设的探索与实践
——以滁州职业技术学院生物化工实训中心为例

滁州职业技术学院生物化工实训中心的前身分别是滁州建筑工程学校、滁州粮食干校、滁州技工学校的化学实验室,当时建设了覆盖无机化学、有机化学、分析化学、硅酸盐工艺、应用化工等基础和专业实验室,同时成立滁州粮食干校分析测试中心。

2000年,六所中专学校合并组建了滁州职业技术学院。2003年和2005年,应用化工技术专业和高分子材料应用技术专业分别开始招生,同时建成了无机化学实验室、有机化学实验室、分析化学实验室、天平室。2006年和2007年园艺技术和园林技术两个专业分别开始招生,新建了组织培养实验室、植物学实验室、遗传育种实验室、病虫害防治实验室、土壤肥料学实验室,并在此基础上成立了生物化工实训中心。

学院利用升格为高职院校的契机,加大了对生化实训中心的投入,特别是我院新校区的投入使用和奥地利政府贷款项目的陆续到位,实训中心的硬件建设有了突飞猛进的发展。目前实训中心室内使用面积达2500平方米;校内室外使用面积达25亩(园林园艺专业的校内实训基地)。完善了一大批基础实验室的仪器设备,及时增添了教学急需的专业实验室仪器设备。实训中心利用新校区建设的契机,建成了较为先进的通风、水电、安全保障及污水处理系统。完善了以基础实验室、专业实训室和生产性实训室为模块的"三层面、三模块"立体交互式实践教学体系,并探索出"一主多元"实践教学模式。在服务教学的同时也为地方经济发展提供人员培训服务以及毕业生的职业技能鉴定工作。特别是去年我院利用奥地利贷款项目,为生物化工实训中心增添了350多万元的实训设备,再加上先前投入的基础设施,目前生物化工实训中心的固定资产将近500万元,为学生的实验实训提供了强有力的保障。

6.1　省级示范实验实训中心建设的探索与实践

　　生物化工实训中心在 2010 年安徽省质量工程建设项目中被立项为省级示范实验实训中心建设项目。该中心主要面向我院的应用化工技术、高分子材料应用技术、园林技术、园艺技术、绿色食品生产与经营、绿色食品生产与检测 6 个专业的实验实训教学。在实验实训中心建设方面,我们经过 8 年的探索实践,逐步形成具有自身特色的实验实训中心建设模式。

6.1.1　实验实训教学

1. 实验实训教学理念与改革思路

(1) 实验实训教学理念

　　学院制定了《滁州职业技术学院实验实训中心建设实施方案》及《滁州职业技术学院实验实训中心建设实施细则》等有关实验实训中心建设的相关文件。滁州职业技术学院作为市属高职院校,定位于"实用型、技能型,重点培养学生的实际动手能力"。基于该既定思想,对实验实训教学进行了明确的定位,拟定了发展规划,树立以学生为本,知识传授、能力培养、素质提高、协调发展的教育理念和以培养实际动手能力为核心的实验实训教学观念,充分认识并落实实验实训教学在学校人才培养和教学工作中的地位,形成理论教学与实验实训教学统筹协调的理念和氛围,建立有利于培养学生实践能力的实验实训教学体系。

　　第一,我们更新课程理念,精简优化理论课的教学时数,加大实验实训教学在整个课程中的比重,明确要求高职学生的实习与实训时间不得少于 2 个学期,保证实验实训的教学时数;在改革课程体系的同时,我们还要求理论课教学中要安排讨论课、活动课等体现实践性教学的内容,强化学生学习的主动性、自主性。

　　第二,为了保证实验实训的教学质量,我们改革传统的师资培养方式,不仅送青年教师到高校学习,提高理论水平,还通过"请进来"与"走出去"相结合的方式,将实习实训合作企业中有学历、有经验的工程技术人员请来作为我们实训课的兼职教师,同时我们将年轻的有学术发展前途的教师派到企业挂职锻炼,增强他们的实践能力和企业经历，鼓励他们参加各种培训，着力培养"双师型"教师队伍，确保实验实训教学师资队伍的质量。

第三，在建设满足现代实验实训教学需要的高素质实验实训教学队伍的同时，我们在现有实验实训设备与实验平台的基础上，进一步优化教学仪器设备结构，实现开放服务的实验实训教学环境，建设基于现代信息化的高效运行的管理机制，带动学院实验实训室的建设和发展，全面提高实验实训教学水平。

第四，我们加大仪器设备的投入，完善具有教学实训与培训的专业实验实训室，使我们的实验实训中心既能满足教学需要和职业技能鉴定，又能服务于地方经济的发展，实现资源共享。

(2)具体教学改革思路及方案

①强化实践教学环节

实践教学是实现高职培养目标的重要手段。首先，我们在各专业人才培养方案的制定过程中突出实践性教学环节，增加实践性教学环节所占课时的比例。其次，单独制定专业技能训练计划，在计划中明确具体内容和要求，以保证实践教学效果。第三，强化实验实训教学环节中的质量控制，认真抓好每次实验或实训的管理，及时对实验或实训成绩进行评定。

②强化职业素质教育

职业素质教育在我们的培养方案中得到了充分体现，且贯穿了整个教学过程。不仅要求学生具备高技能型人才所需要的科学文化素质、职业技能素质，还要求具备良好的思想道德素质、心理素质、身体素质、人文素质等综合素质。具体做法如下：

第一，单项实训与综合训练相结合。目的在于对学生进行较全面的训练，将三年来各门专业课所学基本知识、技能以及进行的专项实训加以强化，总结提高，使分散的实践效果升华，以形成职业岗位综合能力。

第二，积极推动"双证书"、"多证书"工作的进程，认真组织学生参加职业资格认证和职业技能鉴定，提高学生综合职业素质和就业能力。

第三，课内实践与课外实践相结合。课内实践是指随堂进行的实训活动，一般在教师讲授、演示和指导下进行，主要目的是教给学生分析、解决问题的方法；而课外实践则主要发挥学生的主动性，由教师出题目，学生独立进行实训，以培养学生解决实际问题的能力。

第四，校外实践教学与校内实践教学相结合。校外实践教学主要指到校外实习基地参观、实习,请基地有关人员现场教学。根据专业学生的生源组成情况,除学校集中组织的实习活动以外,提倡、鼓励他们充分利用自身条件,利用假期参加各种社会实践活动加强自我实践。

③建立与专业培养目标相适应的实践教学体系

充分利用实验室的功能,做好可操作性强并有前瞻性的实践课教学计划,能根据技术发展的实际予以更新,围绕"双证书制"实施教学。根据专业需要,确立科学的实践教学体系与考核方案,满足培养目标中对职业能力、培养标准的要求,使学生能在毕业时获得一个以上相关的职业资格证书。加大实践教学在整个人才培养方案中的比重,有条件时每个专业均有综合性实践训练课。建立一批与专业实践教学相适应的相对稳定的校外实习、实训基地,在互惠互利的基础上,充分发挥社会教育资源的效益。与企业联合建设或与企业签订合同,利用企业现有设备,在企业技术人员和教师的共同指导下完成实习、实训教学任务。例如,我们经过8年的探索,应用化工技术专业最终形成了既能服务地方经济发展、又能体现高职教育特色的"三层面、三模块"立体交互式实践教学体系(后面有详细叙述)。

④五大实训室建设

这五大实训室的主要仪器设备大部分是利用我院奥地利政府贷款项目购置的。

一是建成了化工仿真实训室。购置60台计算机、4套仿真机柜和相关网络、多媒体设备,满足化工生产工艺及装置仿真实训要求,并承担"化工操作工"职业技能培训鉴定工作。

二是建成了化工产品分析检测实训室。在分析检测室基础上,增购紫外可见分光光度计、全自动蒸馏测定仪、熔体流动速率测定仪等100多台套化工产品专用分析仪器,开设化工产品分析检测实训项目,满足"化工产品分析检测"课程实训要求,并承担"化工分析工"、"化学检验工"职业技能培训鉴定工作。功能与任务有:按照国家相关标准,对相关化工产品进行质量分析与评定服务;承担化工企业职工化工产品分析与检测培训;进行相关岗位职业资格鉴定;承担化工产品研发、技术服务项目等。

三是建成化工类岗位基本操作技能实训室。建成了化工单元操作技术实训室,购置精馏、吸收与解吸、流体流动、传热单元等7套实训装置,并建成管路阀门拆装技能训练室,满足"化工单元操作技术"等课程实训要求,并承担"化工操作工"、"化工管道与设备维护工"职业技能培训鉴定工作。功能与任务有:化工生产岗位基本操作技能实训；管路阀门拆装技能培训；开展职业技能鉴定等。

四是建成应用化工工艺生产实训室。满足"化工工艺实训"、"精细化工生产实训"等课程要求，承担学生生产实训和"化工操作工"、"化学总控工"职业技能培训鉴定工作，为企业开展技术开发与技术服务工作。功能与任务有：基于真实产品的生产实训；典型化学反应过程及产品分离、净化过程实训；化工过程自动化控制实训；开展职业技能培训与鉴定；承担相关化工产品研发、技术服务项目。

五是建成了园林园艺植物实训室。满足园林、园艺产品的育种、生产、养护、加工等实训。主要包括自动温室系统（大棚）、植物生理病理实验实训设备、种子水分测定仪、凯氏定氮仪等。

2. 实验实训教学体系与内容建设

（1）实验实训教学体系建设：三个层次、一个结合

生物化工实训中心作为学院的实验实训教学基地，坚持以教学工作为中心，面向学科建设，面向地方经济建设，面向技能培训，从人才培养体系整体出发，建立理论联系实际、以职业技能培养为核心、分层次和多模块相互衔接的、科学系统的实验实训教学体系，涵盖基础实验、专业基础实验实训、生产性实训等教学活动。将传统的基础实验课程、综合实验及专业实验课程进行了整合，将实验课程根据不同专业分为"基础性"、"专业性"、"生产性"三个层次，在此基础上构筑并不断完善实验实训教学体系。同时在实验室管理等方面进行了改革和实践，将实验实训教学与"滁州职业技术学院科技创新节"、"省职业技能大赛"等活动有机地结合起来（一个结合），实验课的考核标准以职业技能鉴定的考核标准为标杆，逐步形成了"以考（证）促训、以比（赛）促练"的实验实训教学氛围。

（2）实验实训教学模式：形成了"一主多元"实践教学模式

该实践教学模式将在后续内容中有详尽的叙述。

（3）实验实训教学体系的内容

①课程建设

统一规划、整合实验实训教学内容。由各课程负责人主持集体讨论核定每门实验实训课的教学内容，并进行实验设计，每一个实验都要有明确、合理、全面的设计思想，以精选的实验内容为载体，把相关的实验知识、实验实训技术和实验实训方法有机地串连起来，并按照循序渐进的原则设置基础性、提高性实验实训课程。增设生产性实训内容，培养学生的实践能力和创新能力。

②完善实验实训课程体系建设

按照目前的教学情况,生物化工实训中心共开设24门实验实训课,其中9门基础实验课程,8门专业实验课程,6门生产性实训课,1门毕业实习与毕业设计课。开设的180个实验实训项目中,操作技能训练实验40个、验证实验20个、演示性实验15个,其余为综合性实验;生产性实训占18%。在这些实验项目中,既有基本操作和技能训练内容,也安排了一些贴近日常生活生产实际的生产性实训内容。

③积极参与毕业生职业技能鉴定,为地方经济服务

我院要求所有毕业生全部达到"双证就业",生物化工实训中心积极配合我院成人教育职业技能鉴定部门,为毕业生开展职业技能鉴定。目前该中心可以鉴定的工种有中、高级化学检验工,绿化工,花卉工,初、中级景观设计师,食品检验工,食品加工工,食品营销师,农产品质检工等。

3. 实验实训教学方法与手段

实验实训中心重视实验技术研究、实验项目的设计与选择。实验项目的实验方案设计以启迪学生科学素养、创新思维和综合训练为目标。改进传统的实验实训教学方法,建立以学生为中心的实验实训教学模式,形成学生自主选择、相互合作、理论联系生产实际的实验实训方式。实验实训教学手段引入现代信息技术,融合多种方式辅助实训教学(如仿真实训)。建立多元实验实训考核方法,统筹考核实验实训,激发学生实验兴趣,提高学生实践动手能力。

(1)利用现代实验技术和现代实验设备开设面向各专业的基础实验,强化基本实验技能。

随着经济的发展和科技的进步,社会对教育教学、人才培养提出越来越高的要求,这就需要高职教育打破传统的教育理念,需要结合现代科学技术的发展,进一步提高教育教学和人才培养质量。在这方面,我们进行了大胆的探索与研究,规划和建设了一批具有现代教学理念的实验项目,购置最新的实验实训设备,探索教学模式的创新。实验实训中心的基础化学实验室,面向全系的6个专业开放,培养他们基本的知识技能和初步的动手能力。"化工仿真实训室"和各"专业实验室"能体现学习、实训相结合,实验实训设备条件既能满足基本的实训要求,又能实现专业性、生产性实训的要求。中心非常重视优质教学资源和网络信息资源的利用,把现代信息技术作为提高教学质量的重要手段,不断推进教学资源的共建共享,提高优

质教学资源的使用效率,扩大受益面。目前"化工仿真实训室"已经连接宽带网络。

通过实训中心的专业实验室和企业的实训基地,进行课程设计和综合实训,使学生理论联系实际,将所学知识与企业生产实践相结合,使教学内容延伸到企业生产实践中去,有效提高了学生对基础理论学习的积极性和知识的深入理解,学生的动手能力和创新思想得到很大提升,缩短了学生与企业之间的距离。

(2)开设实验实训课的同时,不定期开设化学基础实验操作技术、化工实验操作技术、化学实验安全与急救技术、插花艺术、园艺产品加工等系列讲座,提高学生实验实训的层次和整体水平。

对于以上系列讲座,我们结合学生特点,集中讲述实验实训基础知识、社会生产实践和各领域新技术应用发展前景、趋势,为学生讲解现代技术应用和研究的思想、方法,使学生深入理解理论学习、实验实训与生产实践相结合的思想、方法和重要性,激发学习热情和积极性。

(3)加大实验实训课程体系改革的力度,积极探索"项目导向"、"任务驱动"、"教学做合一"的教学模式,不断增强学生的职业能力。

实验实训课程建设与改革是提高实验实训教学质量的核心,也是实验实训教学改革的重点和难点。我们在制定各专业人才培养方案时,根据技术领域和职业岗位(群)的要求,参照相关的职业资格标准,不断改革实验实训课程体系和教学内容。改革教学方法和手段,融"教、学、做"为一体,强化学生职业能力的培养。实训中心重视加强实验实训教材建设,积极主编或参编实验实训教材。在实验实训教材的选择上,除了我们自编的实验实训教材外,全部选用教育部规划的高职高专实验实训教材。

(4)考核方法的改革。考核方法体现了教学目标,也是对学生学习方法和实验实训内容的导向及实验实训效果的评定。实验实训教学的考试与考核采取平时实验成绩同实验实训结果相结合的方法,结合不同实验实训内容及特点,采取开放式、自主型、多元化考核模式,鼓励创新。考核方法包括设计、制作、内容答辩、实验实训总结等,教师根据学生实验实训情况和总结、答辩内容评定成绩等级。实验实训教学考核是一个实践与理论相结合的综合性能力考核的评价,涉及多门课程、多种技能的考核。实验实训教学对指导教师素质要求较高,要求教师既具有扎实的专业基础知识,又具有较强的实践动手能力(即双师型),必须能够做到讲清原理、规范操作、临场辅导等。具体要求是:指导教师要掌握实验与操作技术、安全措施与急救办法等专业基础知识、原理和相关技能,能进行实验与实训现场指导与基本的实验实训设备故障的检测与排除。我们对教师教学质量考核实行目标考核和学生测评相结合、以学生测评为主的考评体系。

6.1.2 实验实训队伍建设

1. 实验实训中心队伍结构状况

(1)实验实训中心主要负责人为安徽省高职高专专业带头人,副教授,学术水平较高,教学科研实践经验比较丰富,热爱实验实训教学,管理能力强,具有锐意拼搏开拓进取精神。

(2)实验教学中心队伍结构合理,符合中心实际,与理论教学队伍互通,核心骨干相对稳定,形成动态平衡。

目前实验实训中心师资队伍结构基本合理。学历:大学本科、硕士,比例为4:11。职称:助教(助理实验师)、讲师(工程师)、副教授(高级工程师),比例为3:7:5。教学梯队基本合理:中青年教师占100%,高级职称人数占33.3%,硕士以上学历人数占73.3%。核心骨干教师队伍以实验实训教学为主,兼职实验实训教师在讲述理论课的同时必须承担部分实验实训教学任务,具体实施时可根据总体教学工作情况进行适当调整,形成了动态平衡。具体分工上尽量扬长避短:老教师,基础理论扎实,实践经历阅历丰富,策划、指挥、"传帮带",重在讲解。青年教师,精力充沛,干练利索,具体操作、演示,重点进行第一线辅导等。

(3)"双师型"实验实训教师情况。近三年来我们派遣4位年轻老师分别去巢湖皖维公司、来安华峰化工有限公司、金禾化工集团等企业挂职锻炼,并获得相关培训合格证书;有6位老师参加安徽省质量技术监督局举办的技师(化学分析)培训,并获得技师证书。目前拥有技师职业资格证或取得工程师专业技术职务的教师有8人,"双师型"教师占53.3%。

根据专业建设的需要,实训中心将加大引入人才的力度,特别是引进有大中型企业工作经历的工程技术人员作为实训与实习的指导教师,进一步提高"双师型"教师的比例。

2. 实验实训队伍建设

(1)制定出科学合理的实验实训教师队伍建设规划

实训中心一贯重视实验实训教学队伍建设，按照实验实训创新的科学发展观，根据实验实训中心承担的教学任务及每年不断更新的实验实训项目及教职员工的工作变动情况，适时对中心的人员进行调整和补充，有计划地培养、招聘和引进年轻的、高职称的教学和技术型人才，重视"双师型"教师的培养，同时从企业聘用具有设计、生产第一线工作经验的高级工程师作为实训指导教师，使队伍的年龄结构、知识结构、学历结构、职称结构和数量逐步趋向科学合理，具有硕士以上学历和高级职称人员比例逐年上升。

中心重视教风建设，建立了"实训中心教风及教学工作评估体系"，采用分层把关、分级考核的办法，使我中心的教风和教学工作评价体系更加趋于合理与完善。按照"德高为师，学高为范"的要求，严格要求教师做到：爱岗敬业、热爱学生、严谨治学、团结协作、廉洁从教、以身作则、为人师表。加强实验实训教学工作的督导与检查，实行上岗资格认证制、年轻教师培养导师制、教学效果评价反馈制。为迎接2012年的第二轮评估工作，我院从2011年开始实行"教风建设年"、"学风建设年"、"教学质量建设年"的"三年"建设工作，有力地规范了教风，强化了学风，进一步保证了实验实训教学质量。

(2) 中心对实验实训教学队伍建设责任明确，制度到位

①完成了实验实训中心主任的聘任工作，从而确保实验实训中心各项工作规范、有序进行。

②实验实训中心工作人员的岗位职责，由实验实训中心主任根据实验实训教学需要，按照国家及学校对不同专业人员职责的有关条件规定及实施细则具体确定。

③实验实训中心各类人员的职务聘任与晋升工作，根据实验实训中心各实验室工作特点和本人的工作业绩，按照国家和学校的有关规定执行。

④实验实训中心常开展实验室工作检查、评比活动，对成绩显著的集体和个人进行表彰和鼓励，对违章失职或因工作不负责任造成损失者进行批评教育或申请行政处分，直至追究其相关责任。

(3) 管理措施得力，能引导和激励高水平教师积极投入实验实训教学

根据我院建设"省内一流、国内知名、富有特色"的建设目标，结合生物化工实训中心的实际情况，中心对科研、教学(实验教学和理论教学)工作给予同等重视，每个教师根据自己的特长竞聘上岗，规定理论课教师必须承担部分实验实训教学任务，必须做到理论课与实践性教学环节相结合，将教学任务和科研任务相结合。

教师工作评比考核将理论教学和实验实训一并进行,同等对待。学校在加大对实验实训教学设备投资的同时,特别注重加强实践教学队伍的师资能力培养,把实践经验丰富的老教师充实到实验实训教学队伍中去。

6.1.3 对外交流,服务区域经济发展

我们在实验实训中心建设过程中,非常注重对外交流。一是组织老师积极参加各类实验实训学术会议,学习兄弟院校先进的教学管理经验,提高自身的学术水平和教学水平。实训中心主任多次带领教师到芜湖职业技术学院、安徽职业技术学院、安庆职业技术学院、常州工程职业技术学院等兄弟院校参观学习,取长补短。二是面向化工企业和园林园艺企业,把专业老师送到相关企业顶岗上班,在真实的职业环境中锻炼教师的职业教育能力。

中心非常注重为地方经济发展服务。滁州目前正在进行"大滁城"建设,积极创建园林生态城市,有大量的园林园艺企业;同时,化工行业也是滁州的一个支柱产业。滁州不仅有大量的非金属矿企业,还有许多大型化工材料企业如安邦聚合高科有限公司、瑞兴化工公司、金禾化工集团、金达石油公司等,这些企业不仅成为我们的校外实训基地,同时也为我们积极主动融入到地方经济建设中创造了极为有利的条件,特别是定远县和淮南矿业集团实行的"煤盐一体化项目",需要大批的应用化工专业和高分子材料专业的学生,为中心服务地方经济发展提供了一个很好的平台。近年来,我们分别与安邦聚合高科有限公司、金达石油公司采用"冠名班"的形式开展了合作办学(企业在冠名班设立助学金和奖学金),取得了很好的办学效益。

中心积极为企业开展职业技能培训、鉴定工作,平均每年为企业开展绿化工、花卉工的培训鉴定约400人次;景观设计师的培训鉴定100人次;化学分析检验工的培训鉴定约200人次(不包括本校学生的技能培训与鉴定);另外还开展为下岗失业工人培训、农民工技能培训等社会服务工作。

6.1.4 中心的体制与管理

1. **管理体制**

(1)实训中心隶属于滁州职业技术学院基础部,为全院园林园艺类专业、化工

类专业、食品类专业学生开设实验、实训课程,培养适合社会发展需要的高素质高技能型人才。

(2)实训中心实行院、系两级管理。中心教育教学资源统筹调配,资源共享,使用效率高。各实验室、实验人员和实验实训设备打破专业和实验室界限,由实验实训中心根据教学情况统一调整使用,例如对于创新性实验实训仪器,师生共用;对于高档次实验实训仪器设备,实训、教学、科研共用。这样既满足了实验实训教学要求,也有利于提高实验实训设备的利用率,有利于提高实验室的使用效率。

(3)实训中心实行主任负责制。设中心主任一名,负责实验实训中心的实验实训教学计划制定、实施和日常管理工作。

2. 开通信息平台

(1)具有丰富的网络实验教学资源

我们已经建成实验实训中心网站,提供实验实训项目的网络资源,为学生开通基于网上的实验实训教学讨论和交流区域(师生交流和网上评教),教师和学生可共同研制实验实训课件。中心实行开放式管理,将实验实训项目提前在网上发布,供学生选择。

(2)实现网上辅助教学和网络化、智能化管理

中心将适合网络化阅读的实验实训内容上网,其中包括实验实训项目、实验实训原理、仪器设备图像、仪器设备的连接示意图、仪器使用说明书和注意事项等。学生可直接在网上进行实验实训预习。

利用网上的邮箱,教师可直接在网上批改学生的实验实训报告并进行讨论,实现教学互动。

实验实训教学计划的制定情况,各实验室的排课情况,每个教师的上课安排情况及其工作量计算,可从网上清楚了解。在教学管理上强化网络和计算机管理,完善网上预习、网上答疑、网络仿真实验、网上提交实验实训报告、网上成绩查询系统等功能。

(3)逐步建立、完善实验实训中心管理信息平台

中心配置了60台联网计算机(化工仿真实训室),实训中心办公室实现了信息平台的网络化管理。各实验室仪器购置计划及配置情况,仪器的运行情况,各实验室耗材的采购计划及消耗情况,纳入统一的管理平台进行管理。

3. 运行机制

(1)开展项目化教学,实行开放式管理

为迎接 2012 年的人才培养水平评估工作,我院从 2009 年起开展了第三轮教学改革与专业建设工作。本轮次教学改革的核心工作是实行核心课程的项目化教学。开放实验室,这是项目化教学的必然选择。

(2)管理制度规范化、人性化,以学生为本

即使在非正常上课的时间,实训中心也有管理人员值班,需要实验实训的学生可事先网上预约。管理人员做到以学生为本,热情、耐心,最大可能地提供帮助。

(3)实验实训教学评价办法科学合理,鼓励教师积极投入和改革创新

对于实验实训教学评价,采用了学生评价(学生信息员)和督导室、专家组综合评价的办法。对于实验实训教学和实验实训改革工作突出的教师,加大了奖励力度。例如,我院对实施项目化教学的老师,其第一轮教学的课时费较平时上浮100%,第二轮教学上浮 50%,并给予 1000 元的项目化教学立项经费资助。

(4)实验实训教学运行经费投入制度化

实验实训教学运行经费投入已经做到制度化,每年投入的经费不少于 30 万元(不包括耗材采购经费)。

(5)实验实训教学质量保证体系完善

为了保证实验实训教学质量,培养学生操作技能,中心从硬件和软件两方面提供强有力的支撑保证。

硬件包括:结构合理的教师队伍;完善、实用、具有鲜明特色的教材和实验实训讲义;充足完好的仪器设备、品种齐全的药品和各种易耗品、工具,保证每个实验实训项目都给予强大的"后勤"支撑;优雅、人性化的实验室环境,先进的网络实验管理平台和计算机网络化系统。

软件包括:基础型、实用型、多层次、模块化的实验实训教学体系;科学严谨的实验实训教学大纲和实验教学计划;开放式、自主型、多元化的考核模式;鼓励学生创新的实验实训课教学质量评估指标体系以及对学生极具诱惑力的生产性实训;规范的管理制度,有专门的管理教师,各负其责,如果教师工作紧张,中心还适当安排少量优秀学生参与管理。

每学期期终考评严格履行:"做"、"说"、"写"三步,缺一不可,耗材经费提前预报,在运行中详细记录损耗情况。

6.1.5 实验实训中心教学成果

近5年,实验实训中心教学队伍先后共有11人次获得校级表彰;在国外刊物发表论文5篇,其中第一作者SCI收录1篇;在三类以上刊物发表论文40余篇;承担教育部教指委规划课题1项;安徽省质量工程教学研究项目1项;安徽省教育厅自然科学研究项目1项;安徽省职业与成人教育学会课题3项;院级课题5项;院级精品课程1门;省级教坛新秀1人;省高职高专专业带头人1人;院级教学名师1人;获技师职业资格4人;应用化工技术专业为院级重点建设专业;生物化工实训中心于2010年被确定为省级示范实验实训中心。主编教材2部;副主编教材2部;参编教材7部;自编1部"理实一体化"教材——《基础化学》;获省职业技能大赛二等奖1次、三等奖1次;自编多门实验实训课程讲义等。

总之,实验实训教学效果显著,特别是实训中心开展的生产性实训,极大地提高了学生参与实训的积极性;园艺专业学生的"葡萄酒酿制"、"食用菌栽培",应用化工技术专业学生的"香皂生产",高分子材料专业学生的"胶水生产"、"涂料生产",绿色食品专业的"柿饼加工"等一批生产性实训项目的实施,大大缩短了学生与企业、理论与实际的距离。近年来,应用化工技术专业、高分子材料技术专业和园林技术专业毕业生就业率均在100%,园艺技术专业毕业生就业率也始终保持在95%以上。

6.2 抓住评估契机,全面推进实训中心的建设与管理

面向21世纪,高校内部管理体制改革势在必行,而实验实训中心工作的改革又列入了学校各项改革的议程。2008年5月,我院顺利通过了人才培养工作水平评估。通过这次评估,有力地促进和推动了实验实训中心的建设和管理,整改了环境,加强了实验室的规范化管理,改善了实验实训教学手段,提高了教学水平和实验人员的业务水平,充分体现了"以评促建,以评促改,以评促管"的作用。通过这次评估,生物化工实训中心的各项工作取得了突出的成绩。

2012年下半年,我院将迎来第二轮评估。

6.2.1　在两轮评估之间加快发展

1. 新校区的建设为实训中心的发展提供了新的机遇

2008年的评估,我院当时还在老校区。这轮评估之后,我院即开始了新校区建设,这无疑给实验实训中心建设带来了新的发展机遇。我们一方面利用假期迅速完成老校区实验室的搬迁,对各种仪器设备进行安装调试,并迅速投入了使用;另一方面,对新校区各实验室的总体布局、仪器设备的布置做了新的规划,特别对新增实验室、新添的仪器设备做了筹划,基本实现了实验室的现代化。实训中心由原来的5个实验室发展到12个实验室和5大实训室。中心的使用面积由老校区的400 m^2发展到新校区的2500 m^2以及校内室外实训基地25亩。目前生均占有实验室使用面积为5 m^2,超过评估标准2 m^2的要求。

搬到新校区后,我们加强了水电设施与安全卫生管理。实验室、准备室及实验配套用房的动力与照明电路分开,并安装有自动保护空气开关,大功率电器安装有专用线,大型精密仪器配有专用地线。实验室宽敞明亮、通风向阳,门窗玻璃锁具完整无缺,墙面干净洁白,实验台架清洁整齐,走廊无杂物,并配齐排毒、废液桶等"三废"处理设施及拉闸门、防盗窗、灭火器等安全设施。分工明确,责任到人。健全了"三废"处理办法、"四防"措施及易燃、易爆、有毒物品管理办法,各项记录齐全。

为迎接2012年的评估,我院于2010年底,对学院的8大实训中心进行了一次初评。由于生物化工实训中心规范的管理,在这次预评估中获得了全院第一的好成绩。

2. 奥地利政府贷款为实训中心的发展提供了经济保障

我院于2009年获8000万欧元的奥地利政府贷款,这笔贷款将全部用于各实训中心的硬件建设上。实训中心利用这一良机,对新校区的各实验室建设进行了广泛的论证。仅这一笔贷款就为生物化工实训中心添置了300万元的实验实训设备,如高速精密塑料注射成型机、密炼机、摩擦磨损试验机、化工传质试验装置、化工仪表维修工竞技实训装置、精馏-泵性能组合实验装置、自动温室系统、注塑机、挤塑机等等,为实训中心的发展提供了强有力的硬件条件。为此,生物化工实训中心于 2010 年被安徽省教育厅立项为省级示范实验实训中心。

3. 省级示范实验实训中心的立项强有力地推动了实训中心的内涵建设

我们没有把省级示范实验实训中心的立项经费用在硬件建设上,而是用在实验实训指导教师的参观考察、技能培训、参加各种学术会议、实验实训课程体系建设、实验实训教材建设等教学改革上,进一步推动了实训中心的内涵建设。

6.2.2 评估成了实验实训中心发展的催化剂

1. 以评促建

(1) 促进了实训指导教师队伍建设。目前实训中心共有指导教师 15 人,其中有 4 人获"技师"职业资格;有 2 人获高级工职业资格;有 2 人具备企业工程师专业技术职务。我们还通过内部技能比赛、到企业挂职锻炼、在政策允许的情况下到企业兼职等手段,不断强化实训指导教师的职业素养培养,力争在 2012 年评估前使"双师型"教师的比例达到 80%。

(2) 促进了实训中心的各种规章制度建设。规章制度是实验室管理科学化、规范化和制度化的基本要求。根据评估指标体系的要求,对原有的部分规章制度进行修改,健全和完善了实验室各项规章制度。出台了《生物化工实训中心建设规划》、《生物化工实训中心管理条例》、《实验教学管理规定(试行)》、《实验室管理人员岗位职责》、《学生实验守则》、《关于加强开放实验室和学生科技活动的意见》、《学生见(实)习管理条例》、《学生岗前训练与顶岗实习管理规定》、《校内实训基地实行"6S"管理办法》、《毕业生顶岗实习任务书》等十多项管理制度,使实训中心的各项工作有章可循,保证了实验实训教学正常、有序、安全、顺利地开展,使实训中心管理工作逐步走上科学化、规范化、制度化轨道。

(3) 促进了实训中心的文化建设。实训中心的文化建设包括物质文化建设和精神文化建设两方面。物质文化建设主要指先进的仪器设备、实验室的整体布局、仪器设备摆设、宣传橱窗、室内设计、实验室安全环境和卫生环境等方面。在精神文化建设方面,我们搬入到新校区后,对新的实验室进行了全面的布置,在墙上张贴名人名言,如被誉为"物理化学之父"的奥斯特瓦尔德的名言:"啊,化学,美妙的化学!我奉献出毕生的精力为你工作,而你为我把崭新的道路开拓。"近代化学之父道尔顿的"午夜方眠,黎明即起"等。这些对培养学生热爱化学、积极投身到实验实训环境是很有帮助的。我们还在实验实训中心加强对学生的安全生产意识和环境保护意识的培养,通过讲座、墙报、飞信等方式,向学生及时通报安全生产事故等。学生在这样的文化氛围中就如同在企业的生产车间,大大缩短了学生将来去企业的适应期。我们在进行实验实训中心文化建设时,力争体现出高职教育的"职业性、行业性、生产性"的特点,把企业的一些管理制度、生产要求引入到学生的实训车间。例如,我们对实训中心的各实验室实行了企业的"6S"管理模式。在质量管理方面,我们对部分实验室实行了 ISO9000 质量管理体系。

2. 以评促改

(1)改变了传统观念,提高对实验实训中心工作重要性的认识。长期以来,学校对实验实训教学、实验室工作和实验室人员不够重视,经常误认为实验室只是教学的辅助部分;实验实训教学是理论课的附属手段;实验实训管理人员是因为学历不达标或上不好理论课才到实训中心去的等等,这些看法和观点有意无意地把实验实训教学置于理论教学的从属与依附地位,或淡化,或认为可有可无,这样严重影响了人才培养的质量,体现不出高职教育的职业性、实践性特点。而通过上次评估,学校对实验实训教学的认识有了进一步的提高,加大了对实验实训中心建设的投入;同时实验实训中心人员待遇和工作环境也有了很大的改善,充分调动了实验实训人员的工作积极性,评估为实验实训中心的建设与改革注入了新的活力。

(2)改建了原来实验室设计不合理的部分。在老校区,有些实验室设计不够科学、合理。例如,老校区的实验室污水排放和实验室下水排放是同一个管道;排气管道口径过大,排气效果差;实验时会经常跳闸等。实训中心利用新校区建设的契机,建成了较为先进的通风、水电、安全保障及污水处理系统,并对新建实验室的墙壁、地面、门窗开关方式、用电线路载荷、安全设施等进行了全面科学规划和设计,为学生创造了现代化的实验实训场所。

(3)改革了实验实训教学模式。为迎接 2012 年的评估,我院开展了第三轮教学改革,对一些专业核心课程实行了项目化教学。项目化教学强调的是"学生如何做"而不是"教师如何教"。项目化教学打破了单一的课堂化教学环境,要求教师创设尽可能与工作实际相接近的教学环境;打破了学科型课程体系,教师针对实际工作体系重新构建课程体系,并按实际工作结构重新设计课程结构;打破了学科型课程主要进行知识灌输、学生被动接受、实践与理论脱节的实施方式,形成主要进行任务实施、学生主动构建、实践与理论一体化的项目化课程实施方式。由此可见,实行项目化教学,学生将会有更多的实验实训时间。

3. 以评促管

(1)促进了对仪器设备的管理。一是全面开展仪器设备的清查核对工作。在这项工作中,首先将没有维修价值的仪器设备进行报废,将一些多年未用的实验器材重新利用。其次是清理账目、核对资产。为了保证仪器设备账、物、卡相符率达到要求,对实验室仪器设备进行了认真细致的清理核对,并详细建账。根据账卡认真核对实物,坚持以物对账,账卡各个项目必须准确、齐全,发现问题及时调整,做到账、物、卡相符,并重新编号更换所有仪器设备标签,实现了仪器设备的规范化管理。二是加强设备管理与维修,提高仪器完好率和更新率,力求设备完好率达到98%以上。同时做到对仪器设备的日常使用和维护,按规定要求做好记录。目前,实训中心的仪器设备管理已趋于完善,并形成了一套行之有效的管理机制。

(2)促进了实训中心的文档管理。文档管理是实训中心的一项重要管理工作,体现了实训中心的管理水平。在评估前,中心管理人员缺乏长远的管理意识,平时也不注意日常工作的数据采集和整理,造成实训中心文档管理水平相对低下,给实验实训教学带来了极大的不便。因此我们大力加强了这方面的工作,制定和完善了各项规章制度,把实训中心文档管理工作逐步纳入正常化的轨道。例如,我们通过上次评估,逐步摸索出"一建立、三落实、三提高"的文档管理模式:所谓的"一建立",就是建立健全切实可行的档案管理制度;"三落实"就是落实归档范围(如综合管理材料、教学过程管理材料、仪器设备管理材料、教学研究管理材料、管理人员基本情况材料、安全检查材料等)、落实有效信息的收集、落实案卷目录的整编;"三提高"是指提高档案的利用效率、提高档案的保存价值、提高档案的管理水平。并且,中心管理人员根据评估的具体要求,还对实训中心的文档进行了科学的分类归档:将院系文件、规章制度、重大会议记录等作为实训中心的文件资料归档;把实验室人员的学历、职称、聘任、外出进修情况、考核材料等情况作为实训中心人员情况统计进行归档;将实验室教学任务、教学计划、实验研究、教学工作总结、学生实验实训考试试题、实验实训报告等作为实训中心教学情况归档。除此之外,还对科研、仪器设备管理信息、低值耐用品管理信息、实验实训教材样本、表格样本等分类。通过上次评估,完善了实训中心的文档管理工作,使这项工作趋于规范,实训中心为实验实训教学提供了优质的服务。

(3)促进了实验实训教学管理。提高实验实训教学质量是评估的最终目标。实验实训教学是高职院校实现其人才培养目标的主要手段,是培养学生理论联系实际,提高分析问题和解决问题能力、动手能力和创新精神的重要环节。生物化工实训中心对照评估指标体系的实践教学要求,对过去的各项实验室工作和实训教学工作进行全面的、比较科学的总结和评价,加大对实训教学的管理力度。比如,重新修订并严格执行实验实训大纲制定的实验教学计划;选择适用的实验实训教材或提前编写实验实训指导书,改革实验实训教学内容和教学方法;加大实验实训教学教研活动,探讨教学管理方面的问题和经验;注重实验方法的研究、注重学生能力的培养;减少验证性、演示性实验,增加综合性、生产性、创新型实验的比例;实训中心在保证实验教学正常进行的同时还积极探索采用现代化的教育教学手段,加强实训中心的网站建设,建设网络化的虚拟仿真实训教学平台,进一步提高了实验实训教学的质量。

同时,我院实行的项目化教学必然要实行开放实验室管理。学生可以向实训中心提出实验项目预约,选择合适的时间到实验室进行实验;也可以自主设计实训项目、方案,经实训中心批准后,学生可以利用实训中心提供的条件,自主完成实训。另外,网络实验室面向全系学生全天开放,学生可以在网上学习常用办公软件、专业制图和仿真软件以及充分利用互联网查找学习资料,提高了获取信息的速度,培养了综合职业素养。实践证明:开放实验室有力地配合了项目化教学,提高了实验室资源的利用率和投资效益,提高了实验实训的质量。

6.2.3 结语

综上所述,通过 2008 年的评估,生物化工实训中心基本达到了"以评促建、以评促改、以评促管、评建结合、重在建设"的目的。加强了对实验实训设备的管理与维护,提高了实验实训设备的完好率和实验开出率;加大了对实验室建设的投入力度,使实验仪器设备、实验实训环境上了一个档次;改革了实验实训教学模式;进一步顺了实验室管理体制,完善了一系列规章制度,使实训中心管理更加规范化、科学化。同时,评估使我们发现了实验实训中心建设与管理方面存在的不足,明确了今后努力的方向,为迎接我院 2012 年评估积累了经验。

6.3 生物化工实训中心信息化管理的探索

在信息技术迅速发展和渗透到各个领域的背景下,传统的实验实训中心管理模式已渐渐不能适应时代前进的步伐,引入信息化技术已经成为一种必然趋势。在这样的现状下,探讨如何利用信息化技术管理实验实训中心就显得尤为必要。在实验实训中心信息化建设的过程中,要将建设的指导思想定位于实用、高效、节约,着眼于构筑与时代发展相适应的信息化环境,确保实验实训中心内部知识信息从创新到应用各环节间相互协调与高效运作。建设的核心是将实验教师资源、实验课件、实训软件、实验室仪器设备等采用现代化的手段加以科学管理和有效重组,让有限的资源发挥最大的效益。使基于传统模式下的实验实训中心的各项工作在现代信息理念和信息规范的引导下发生质的擅变,实现实验实训中心工作的现代化、开放化和高效化。

6.3.1 非信息化管理的常见问题

1. 实验员工作量大但效率不高

现在对仪器、设备、药品等登记造册大都仍停留在手工状态,大量的账册如教学仪器总账、教学仪器明细账、易耗品明细账,使用过程中实验器材报损单、实验器材借用预约登记表、实验教学安排表、实验开出率的统计表等等各种报表生成还是靠手工来完成的。近几年许多高职院校仪器设备增添了很多,任课教师在教学中要填好实验通知单,实验员要根据教师的实验通知单安排好实验器材药品,还要根据实验的使用情况填写药品明细表和实验器材损坏表,工作量就很大。手工操作效率不高,很容易出现实验器材准备不及时、使用情况登记不完整的现象。

2. 实验仪器、药品库存信息流通慢,实验器材采购缺少科学决策

由于实验指导教师往往不了解实验室里的各种仪器设备、药品的库存数量,实验员也只有到要用的时候才知道仪器药品够不够;学校采购部门只能等各系部实验实训中心的报告后才知道要添加哪些仪器和药品。相互之间的信息不能及时沟

通,对实验实训教学有很大的影响,容易导致实验室增添实验实训耗材缺乏一定的科学依据,仅凭教师的教学经验和实验员的感觉,或者根据订单目录,随便选择一些;购买添置实训设备、耗材随意性大,重复添置、浪费的现象时有发生。

3. 实验员对实验室器材、耗材的管理不能及时到位

由于各类登记表册用手工填写,对各类实验器材的出借、使用、损坏、修理以及耗材存量数据的统计不能及时。任课教师不了解实验室里的各种仪器药品的数量,实验通知单开出以后不能及时到达实验员手中,影响教学。每次学生实验课之后,损坏的器材、用后剩余药品的数量、实验器材的借用,要过很长一段时间才能统计出来,甚至会忘掉,统计时,则会出现登记不完整的现象。有的演示实验器材教师没有及时归还,实验员也没及时提醒,在办公室摆放很长时间而没有归还实训中心。

4. 出现账物不符、维护不力的现象

学校的采购部门在购买后,支出的金额就登记在账本中,实验员按各专业实验实训的类别,分别登记在各明细账本里,实验器材药品分门别类保管在实训中心,做到账物相符、账账相符。在实际的管理过程中,任课教师根据课程要求开展实验实训教学,就要借用实验设备器材,使用实验药品,由于都是手工登记,各教研室、实验室相互之间使用信息不畅,管理不到位,实验器材药品的使用情况不能及时统计,造成实验室里的"物"与各明细账之间存在差异,明细账与总账之间存在差异,固定资产账与资金账之间也存在差异。器材设备有些是不经常使用的,有些是常用的,各自的维护方法各不相同,但得不到准确反映。

6.3.2 信息化管理是实验实训中心管理的大势所趋

为适应教育信息化发展的需要,解决长期以来存在的实训中心统计数据不准确、不完整、账目不清晰、人员工作强度大、上报不及时等问题,改变落后的管理手段,提高工作效率,利用现代科技手段,用信息化、网络化的管理软件实现对实训中心的管理,是为实验实训教学提供有效保障的发展趋势。

为进一步加快生物化工实训中心的信息化建设步伐,我们专门请我院信息中心的专业老师为生物化工实训中心开发了信息化、网络化的管理软件。该软件基

于WEB界面实现与用户的信息交互,管理人员能够及时、准确、完整地了解实训中心的各种设备耗材的信息,实验教师能够根据教学计划,及时地把实验实训计划、实验通知单、实验器材借用表等通过网络适时上传,管理员根据各专业的实验教学计划、实验通知单、器材借用表更加系统、完整地了解所要使用的器材药品,做好实验实训准备。通过该软件,还能实时知道缺损的器材和药品数量,为学校有关部门的采购提供准确的基础数据。还能通过软件统计出各种所需要的数据,如实验实训的开出率、某种仪器设备增添情况、实验室仪器药品的库存数量、各种账册之间的数据等。这样任课教师和实验员可以从繁重的手工填写表册、各种复杂的统计中解脱出来,规范了实验实训教学,加强了实训中心的管理。学校相关部门可以通过网络知道各实训中心的资产数量、器材设备报损等情况,并及时购买添置设备器材,增加药品。减少了采购的盲目性和随意性,提高了资金的使用效率。由于该管理软件基于WEB,因此,学院的主管部门还可以随时调阅实训中心的管理情况、有关的评估数据等。实训中心还可以通过网络发布设备、药品采购信息,实现招标采购,有利于提高设备采购效率,节约资金。

6.3.3 生物化工实训中心信息化管理的探索

为了实训中心的各项信息能及时准确记录、存储和检索,提高工作效率和实验实训教学的效果,做到管理工作系统化、规范化,生物化工实训中心开发了信息化管理系统,该系统包括账户管理、仪器设备管理、实训耗材管理、常规教学管理、开放实验室管理等几方面。

1. 账户管理

把用户分为三级:最高管理员(实训中心主任)、子系统管理员(中心管理员)和普通用户(教师、学生以及校外人员)。校外人员则须先注册,经管理员批准才能成为正式用户,可查询仪器设备的对外服务情况、技能培训和职业资格鉴定情况等。学生用户可查询实验实训计划、项目、实验实训教学资源、化学试剂、开放实验室、仪器设备等信息及网上预约和借用等,并可预约及选择实训项目。教师用户除拥有学生用户所有的权限外,还能给学生实验课程及实训项目打分、批阅实验实训报告、网上答疑等。最高管理员有权为各用户授权或限制他们的权限。

2. 仪器设备管理

实验实训中心的仪器设备规格不同、种类繁多，人工管理不仅效率低而且查询困难。仪器设备管理系统能方便实现录入、修改及快捷查询详细物品名称、规格、单价、库存数量、进出库的日期及数量、存放位置、领用人等信息。当领用或者借用这些器材后，库存数量会自动更正。借用的物品归还后库存量会自动更正，如有损坏，则在账户记账。通过该系统，中心管理人员能随时掌握实验实训物品的库存量、借用量等基本情况，提高仪器设备利用效率。通过该系统还可以实现仪器设备网上报修、维修查询。另外，还可以将一些仪器设备使用情况挂在网上，实现对企业出租、有偿使用，为实训中心创造经济效益，提高仪器设备的利用率，最大限度地实现资源共享。

3. 实训耗材管理

建立化学药品档案库，可提供化学试剂的各种信息，如库存化学试剂名称、规格、数量、产地、存放位置；提供库存预警提示；提供采购补充药品的清单；接受教师网上采购药品的申报；接受学生实训耗材的申请、实训工具的借还；各种耗材的使用记录，如领用班级、领用时间、使用量、当时的指导教师和实验项目等。

4. 常规教学管理

包括实验课程、实验名称、日期、实验室名称、班级、人数、分组、实验要求等，在实验结束后需及时录入实验情况(含仪器损坏、丢失、秩序、卫生状况等)。由于高职实践教学模式的改革，越来越多地采用理实一体化的项目化教学，因而在我们使用的实验教材中，有些实验项目是学生必做的，有些是选做的。该管理系统和教务处的课程管理系统实现对接，管理实验项目，学生先选课程，再选实验项目，完成实验后，教师给项目打分，打分后直接汇总到教务处课程管理系统。还可安排一些机动时间让个别学生补做实验，学生登录后网上预约，管理员批准后在预约时段做实验。

可以实现对教学资料的管理。管理员不仅能浏览和修改已存的文档，也能新建文档，添到管理信息系统中。用户登录后可以浏览专业实验实训大纲、实验讲义及课件、实验实训项目表、实验课表及实验安排、实验室使用情况等。随着我院项目化教学改革的不断深入，生物化工实训中心还单独开设一些开放性实验、综合型、设计型实验供学生选择,学生登录后网上预约,管理员批准后按时实验。

5. 开放实验室管理

开放实验室是实行项目化教学的必然选择。通过开放实验室管理系统,用户可以查询各种信息,如实验室的位置、房间号、实验室内的仪器设备、在实验室可进行的实验、管理者、开放时间、可预约时段等。可根据需要预约,经过管理员批准和确认后可按时使用。校外用户也可通过该系统查看实训室资源信息,根据自身需求,提出使用申请和资源共享计划。

实验实训中心的信息化管理,是当今社会发展的需要。通过对实训中心进行信息化建设和管理,可进一步提高实训中心的实践教学水平和管理水平,提高实训中心教学资源的使用效益,实现优质资源的区域共享与社会化开放利用。随着科学技术的不断发展,实训中心信息化环境的构建内涵将不断拓展,必将有力推动职业院校实训中心建设朝着高度现代化、信息化、开放化的目标迈进。

6.4 ISO9000 在生物化工实训中心的应用研究

近年来,随着我国高职教育规模的迅速扩大,高职院校普遍出现了生源质量下降、培养目标不明确、毕业生就业困难以及社会认同度不高等问题。解决上述问题的措施之一就是要提高人才培养的质量,而实验实训教学质量则是高职院校人才培养质量的一个重要组成部分。但是,由于受到多种因素的制约,高职院校的实验实训中心建设与实际需要仍有较大差距,如何借鉴现代管理的思想和方法,提高实验实训教学质量和实验实训中心的管理水平,是一个急需解决的问题。

企业的 ISO9000 族质量标准是被实践证明了的科学、先进、规范的管理体系。实训中心应积极将先进的管理思想、管理方法与教育管理有机结合,构建一种适合当代教育规律和市场规律的实训中心管理制度,并通过全程、科学、严格的控制机制,提高实训中心员工的管理意识、质量意识、服务意识,保障实验实训教学质量,以提高人才培养的水平。ISO9000 质量管理体系是构筑高职院校实训中心质量管理的先进理念和管理制度现代化的手段,为了高职院校实训中心的快速发展,提高实训设备利用率,加强学生的动手能力,引入 ISO9000 质量管理体系已十分必要。

6.4.1 ISO9000 同样适用于学校的实验实训中心管理

国际标准化组织(International Organization for Standardization,简称 ISO)是世界上最大的非政府性标准化专门机构,1946 年成立于瑞士日内瓦。ISO 负责制定在世界范围内通用的国际标准,以推进国际贸易和科学技术的发展,加强国际间经济合作。1979 年,国际标准化组织(ISO)成立了第 176 个技术委员会(ISO/TC176),负责制定质量管理和质量保证标准。ISO9000 族标准的问世,吸收了世界各国特别是英、美等发达国家实施质量管理和质量保证的经验,是生产力发展和适应国际商品经济发展的成果和标志。该标准自 1987 年正式发布以来,随着经济社会的发展又分别于 1994 年、2000 年和 2008 年对其进行了重大修订。现在广泛使用的是 2008 版的 ISO9000 标准。

ISO9000 族标准要求进行质量管理时遵循"以顾客为关注焦点(Customer focus)"、"领导作用(Leadership)"、"全员参与(Involvement of people)"、"过程方法(Process approach)"、"管理的系统方法(System approach to management)"、"持续改进(Continual improvement"、"基于事实的决策方法(Factual approach to decision making)"、"与供方互利的关系(Mutually beneficial supplier relationships)"等 8 项原则,这 8 项原则概括了 ISO9000 族标准所主张的思想方法。

ISO9000 质量管理体系源于企业,它不但符合企业质量管理的需要,而且对教育质量管理也是适用的,它反映了所有行业相通的科学质量管理思想。ISO9000 族标准涵盖的"质量为本"的理念以及体现出来的理性精神、效率意识,对实验实训中心的质量管理具有很大的启示意义,它将企业质量管理中"消费者至上"、"标准化管理"、"预防为主"等质量管理的具体思想和方法融汇在短短的条款中,对于实现高职院校实验实训中心质量管理目标有很大的借鉴作用。

6.4.2 应用于实验实训中心管理的意义

目前,高职院校实验实训中心管理工作的不足主要表现为管理理念陈旧、管理手段落后、管理制度不健全等方面,在中心的日常管理工作中缺乏行之有效的措施进行组织和引导。要提高实训中心的管理水平,就必须引入现代化的管理手段。目前高职院校实验实训中心管理领域尚未建立起科学、合理、规范和实用性强的质量管理体系标准,而ISO9000族标准则是各行各业实施质量管理所应遵循的一般规律、原则和方法,具有先进性、系统性和实用性,并已在全世界得到了广泛的推广和应用。因此,将国际通用的ISO9000族标准体系引入高职院校的实验实训中心管理领域,必将有助于提高实验实训中心的管理水平,使其尽快实现规范化和标准化的管理。

1. 有利于实训中心管理的规范化和制度化,不断提高实训中心的管理水平

ISO9000族标准强调预防为主,强调过程控制。依据ISO9000族标准体系要求,编制质量体系文件以及必要的控制程序文件。实训中心运行中的每个过程,规范的服务质量,使各种操作环节有法规可依,有制度可循,有记录可查,有违章可究,从而为中心的规范化和制度化建设奠定坚实的基础。借鉴ISO9000质量管理的内审和管理评审制度,对实训中心进行定期的内审,管理评审、数据分析、制定预防与纠正措施。一次改进活动的结束也是下一次改进活动的开始,使实训中心的管理水平在一次又一次的改进活动中得到持续改善。

2. 强化管理员的服务意识,提高实验实训教学服务质量

ISO9000族标准对服务过程及服务质量有明确的规定。如果将这一标准的管理思想用于实训中心管理,有利于中心管理员树立新的教育服务观和产品质量观,强化责任意识;有利于实训中心根据"过程控制"的思想和方法,明确每位管理员在服务过程中的任务、岗位职责和工作程序,把一切工作的出发点和落脚点落实到为教师和学生提供标准服务上来;通过吸纳ISO9000族标准的思想,建立起完善的实验实训管理工作体系,使影响实验实训效能的各种因素和环节始终处于良好的受控状态,从而确保实验实训教学质量和管理服务质量的稳定与提高。

3. 有利于提高实训中心的社会效益和经济效益

实训中心依据ISO9000族标准建立了质量管理体系之后,不仅保证了各种服务的质量,也提高了自身的管理水平,这为实验实训中心与行业企业之间的无缝对接铺平了道路,更有利于"产学研"结合。使实训中心的资源得到了充分的利用,也有助于提高实训中心的科研水平,充分发挥了实训中心的社会效益和经济效益。

4. 有利于实训中心的资源利用与配置

影响实验实训教学质量的因素很多,除师资、教学模式和教学组织外,最重要的外部环境就是实验实训教学设施设备的完好性。要管好、用好这些设施设备,使它们达到最佳状态,最大化地发挥它们的功能。采用 ISO9000 族标准中的设计标准来设计实验实训教学活动实施过程、教学管理服务过程以及教学资源的分配过程,按照 ISO9000 的要求形成各过程的控制文件,使各过程受到良好的控制,可以达到对实验实训资源的高效配置与优化,进而提高实验实训教学质量。

5. 有利于增加学生、家长和社会的满意度

ISO9000 质量管理体系的实施,提高了实验实训教学质量,从而造就了连续多年的高就业率。目前,我院应用化工技术专业学生就业率已经连续 6 年保持在 100%,并且出现供不应求的喜人局面。我院也连续 4 年被安徽省教育厅评为"毕业生就业标兵单位"。我院已经为地方化工企业输送了近 600 名优秀毕业生。学院已经成为备受学生和家长信任的"放心学校";成为安徽高技能型人才培养的重要基地,为皖江城市带承接产业转移示范区建设做出了积极贡献。

6.4.3　ISO9000 引入实训中心管理的可行性

标准的管理思想蕴涵了预防、监督和自我改进三大科学机制,既通过管理系统化保证了管理的规范性,又通过管理文件体系化强调了管理的可执行性,使实训中心管理的全过程从服务策划、教学、培训服务设计、实验实训实施,到后续服务及其结果始终在有效的监督机制下进行,实现质量管理的全员性、全面性和全程性。

1. 从 ISO9000 族标准的特点看引入的适宜性

ISO9000 族国际标准是由许多国家的质量管理专家在总结国际上工业发达国家的质量管理经验后,在多年研究的基础上制定的,该标准具有以下几方面的特点:

(1)强调标准的指导作用。ISO9000 标准并不试图在标准所规定的领域内实施一种模式,而是对该领域实行原则指导。标准规定:"一个组织的质量体系应受到该组织的目标、产品及其实践的影响,因而各组织的体系是各不相同的,质量管理的一个重要目标就是改进其质量体系过程,以便达到改进质量的目的。"标准从

质量管理的基本原则和基本目标出发,阐述质量体系的构成原则,为组织(如学校、实验室)建立质量体系提供指导。

(2)强调管理模式标准是对技术业务规范的补充。标准提出的质量体系要求,是对供方(如实验室)质量管理能力的要求,是对合同中规定的产品技术(员工素质)要求的补充,而不是替代。标准强调供方(如实验室)建立健全质量体系,并使之有效运行,使技术规范(如有关制度)与质量管理相结合,两者相辅相成,互为补充,有效保证产品(实验室管理)质量。

(3)强调预防为主的思想。标准强调建立质量体系的目的之一是使与质量有关的活动处于受控状态,预防和避免质量问题的产生,而不是依靠事后的检查。标准认为质量工作的重点应是立足于过程的控制为主,实行预防与纠正相结合,力求通过各种方法发现现实或潜在的质量问题,并及早采取预防和补救措施,把质量问题消灭在形成过程之中。要求对影响产品(实验室管理)质量的技术手段(管理手段)、管理人员及管理过程等因素进行控制,要求建立质量监控和信息反馈系统,保证生产(管理)方法、人员、设备、检测仪器等处于良好状态。

(4)强调质量改进。标准强调开展质量管理的另一个目的在于不断进行和完善质量体系,以达到不断改进质量的目的。

(5)标准的内容可灵活应用。ISO9000族标准不是专门为某一具体工业行业或经济部门而制定的。质量体系的设计和实施可根据组织具体情况或变化的需要、特定的目的、所提供产品和服务所涉及的过程和具体实践,对标准提供的模式进行选择,或对标准的某些质量体系要素进行删除,也可结合组织的特点补充某些质量体系要素。

2. 从ISO9000的基本原理看引入的符合性

"质量形成于生产全过程,控制所有过程的质量"是ISO9000质量管理原理的核心。ISO9000的基本思想是"过程控制"和"质量改进"。认为"过程控制"是保证产品质量的有效方法;强调过程控制的出发点是预防不合格;强调质量管理必须坚持质量改进,质量管理的中心任务是建立并实施文件化质量体系。文件化质量体系包括组织(实验室)的质量方针、质量目标、质量管理机构及人员的职责,规范各项质量活动的程序文件以及业务工作指导书等。这些文件与实训中心管理制度、工作规范的内容是一致的。文件化质量体系的实施是完全符合实训中心管理工作提高规范化、制度化程度的要求的。

6.4.4 ISO9000 应用于生物化工实训中心管理的尝试

根据 ISO9000 质量管理体系在机构、程序、过程和总结 4 个方面规范质量管理的措施,结合生物化工实训中心的实际情况,我们初步设计出生物化工实训中心质量管理体系(见表 6-1),从而为建立一套有责(职责)、有序(秩序)、有效(效果)、高效(效率)的规范化、系统化、科学化的管理体系打下了良好的基础。

表 6-1　生物化工实训中心质量管理体系

ISO9000 体系要素（部分）	生物化工实训中心质量管理要素(部分)	主要文件名称
1 质量管理体系	1 质量管理体系	实训中心管理图
1.1 总要求	1.1 体系的范围和过程	专业实训课设置图
1.2 文件要求	1.1.1 体系应用范围	实训中心管理文件
1.2.1 总则	2 管理职责	实训中心管理质量记录
1.2.2 质量手册	2.4.1 质量目标	实训中心管理质量目标
2 管理职责	2.5.1 职责和权限	实训中心各实验室职责
2.4.1 质量目标	2.6 管理评审	实训中心各岗位职责
2.5.1 职责和权限	3 资源管理	实训中心学期管理考评细则
2.6 管理评审	3.1 设备资源提供	实训中心各岗位的资格和能力要求
3 资源管理	3.2 实验队伍管理	实训中心实验实训教师聘任书
3.1 资源提供	3.2.1 任职资格与岗位聘任	实训中心教学设备的使用与管理条例
3.2 人力资源		实训中心建设规划
3.3 基础设施	3.2.2 师资培养与员工培训	实训中心教学环境控制措施
3.4 工作环境		学校有人才培养的定位
4 产品实现	3.3 实验经费与实验设备	实训中心实验实训教学计划
4.1 产品实现的策划	3.4 实验实训工作环境	用人合作企业单位一览表
	4.学生职业能力培养	实训中心教学计划的制定与修改
4.3 设计和开发	4.1 学生职业能力培养实现的策划	实训中心课程标准的制定与修改
4.4 采购		各专业到实训中心实训生名单
4.4.1 采购过程	4.3 人才培养方案设计	实训中心仪器设备购置计划
4.4.2 采购信息	4.4 实训生与实验设备采购	实验实训教学理念与改革创新思路
4.4.3 采购产品的验证		实验实训教学改革的实施与控制
	4.4.2 实训生规模	

续表

ISO9000 体系要素（部分）	生物化工实训中心质量管理要素（部分）	主要文件名称
4.4.3 采购产品的验证	4.4.3 教学设备与资料的采购	实验实训教学体系与教学执行计划的制定
4.5 生产和服务提供	4.5 实验实训教学过程	开放实验室规定
4.5.1 生产和服务提供的控制	4.5.1 职业能力培养	学生实验实训档案
4.5.5 产品防护	4.5.2 实践创新能力的培养	实验实训教学研究与改革成果档案
4.6 监测和测量装置的控制	4.5.3 学生实验实训档案	仪器设备的使用与管理
5 测量、分析和改进	4.5.4 教学研究与改革	实验环境与安全执行国家标准的文件
5.1 总则	4.5.5 教学设备与资料的管理	学生实践与创新素质测评控制
5.2 监测和测量	4.5.6 实验实训环境与安全	实验实训考核试题评审与标准
5.2.1 顾客满意	4.6.1 学生考核标准	毕业生跟踪调查表
5.2.2 内部审核	5.2.1 质量信息反馈	学生对实验实训教学评价
5.2.3 过程的监视和测量	5.2.2 内部质量审核	实验教学质量统计分析
5.2.4 产品的监测和测量	5.3 不合格控制	
5.3 不合格品控制	5.4 数据分析	
5.4 数据分析	5.5 改进	
5.5 改进		

1. 机构管理

我院十分重视实验实训中心建设,为迎接 2012 年的评估,学院于 2010 年 12 月专门确立了我院 8 大实验实训中心的机构设置,其中生物化工实训中心作为我院 8 大实验实训中心之一,确立了实验实训中心主任 1 人,中心专任管理员 2 人,全面负责实训中心各个实验室的日常管理,理顺了实训中心与其他部门的隶属关系,从而解决了实训中心责任不清、职责不明等问题。

2. 程序管理

由于 ISO9000 质量管理体系文件具有法规性、唯一性、适用性和系统性的特点,所以在结合 ISO9000 族质量体系编写实训中心管理体系文件的过程中,一定要结合实训中心的实际,要体现实训中心的特点。ISO9000 族质量管理体系必须文件化。实训中心文件必须是实训中心统一的,文件应便于执行。在文件的内涵上,既要分层又要相互协调。文件必须符合文件控制的要求,必须具有可操作性。对文件的完整性、覆盖性、符合性、操作性、协调性进行审查和完善。根据 ISO9000 质量管理体系,实训中心制定了"实验室人员岗位职责"、"实验室设备管理制度"、"实验室实验守则"、"实验室人员的日常行为规范"、"实验室安全管理制度"等,并在原有的管理制度的基础上制定"实验室开放暂行条例",建立实验室维修记录、设备运行记录等规章制度,使实验室管理工作更快走上制度化、规范化轨道。部分制度张贴上墙,使进入实验室的教师和学生一目了然,让实验室的各项管理工作都有章可循。

3. 过程管理

过程管理就是根据在程序管理中制定的各项实验室规章制度,对实验室的人员及实验仪器实施各方面的管理。随着高职院校不断加大对实验实训设备的投入,仪器设备尤其是一些先进的仪器设备是教学、科研和科技开发的最基本硬件条件。过去,经常会出现仪器设备闲置、重置的现象,浪费严重。实训设备利用率低是目前高职院校实训中心普遍存在的问题。原因是多方面的,实训设备的功能未得到充分开发和利用是其中的重要原因。实训中心是培养高素质、高技能人才的基地,我们要充分调动学生的积极性,让他们参与到实训中心的工作中来。例如,实训中心有些仪器设备的验收、安装,我们也安排了一些优秀的学生观摩整个过程,这样有利于学生对仪器设备性能、操作要领等的了解;我院利用奥地利政府贷款购买的几件大型设备,我们也安排了部分学生参加厂家在我院举办的培训班,培训他们的操作能力,增强了他们的责任心。

学生作为仪器日常使用和管理主要负责人,有利于提高仪器设备的利用率。在旧体制下,仪器设备都有专门的教师负责,但由于教师按时上下班,在教师工作时间以外的时间,仪器设备将会处于闲置状态,大大影响了设备的使用率。我们为家庭经济困难的学生提供了勤工助学的岗位,保证设备随时都可以用,为我院开展的项目化教学改革、实行开放式实验室管理创造了条件。

为保证有好的实验实训环境,实训中心建立了一套完善的"账、卡、物"相符的对账系统。对仪器设备的规格、型号、安放地点逐一有效地进行登记造册,定期对这些设备进行"账、卡、物"的核对,确保其在使用或借出中无遗漏。对仪器设备的使用情况(尤其是大型设备)必须认真填写使用记录,明确责任,减少不必要的人为损坏。只有管理上档次,实验实训的质量才能得到保障。

根据质量管理标准,我们要求学生对实验室的公共药品柜进行清理分类,贴上明显的分类标志,使药品管理井然有序。在使用实验室过程中,容易出现不注意维护公共仪器、实验设备摆放凌乱、化学试剂乱拿乱放、实验结束后不注意断水断电等问题。针对这些问题,我们利用各班做实验的机会,及时通报实验室的近期情况,好的及时表扬,不足的提出批评,并结合实际情况提出要求。做到工作有布置,有检查,发现问题及时解决。

4. 总结管理

为了不断地改进实训中心的管理,使实训中心管理水平呈螺旋式上升,实训中心定期召开有关实验室管理的会议,找出实验室管理中存在的问题及漏洞,总结补充实验室管理中一些好的经验,发现问题及时解决,使实训中心的管理走向科学化、规范化、制度化。

6.4.5 运行 ISO9000 质量管理体系的绩效

ISO9000 质量管理体系在生物化工实训中心的建立和运行,进一步规范了实训中心的管理,真正做到了服务自觉化、决策科学化、工作规范化、改进制度化。

(1)服务自觉化。ISO9000 质量管理体系以"顾客(学生等)为关注焦点",明确和规范了实验室工作重心和服务对象,促使了实验室工作人员服务意识的提高,改变了实验室存在的一些不良现状(如学生非实验教学时间咨询无人解释,甚至让其去问任课老师等现象),服务意识逐步转变为实验室工作人员的自觉行动。

(2)决策科学化。ISO9000 质量管理体系规范管理工作流程,促使了决策更加科学。具体表现为:实验室在决策之前须进行充分的市场调查、分析和论证,收集相关的数据或事例(参考其他高职院校),根据数据及事例的情况做出科学判断和决策。

(3)工作规范化。ISO9000质量管理体系对于关键工作环节,要求各个部门和岗位职责明确,流程清晰。实验室主要工作环节的识别与规范,减少了责权不清、随意性等现象,促使实验室工作在有序中稳步开展,促进实验室各项工作的规范。

(4)改进制度化。ISO9000质量管理体系明确提出了定期主动收集数据、主动分析、主动采取纠正与预防措施的工作要求,将工作改进制度化,将可以预见的不合格服务避免,将可能出现的问题消除在最初的环节中,减少了可能产生的不利影响。

6.5 生物化工实训中心实行"6S"管理的实践

与ISO9000侧重于质量管理不同,"6S"管理侧重于对人员的行为与习惯以及工作环境的管理。我院通过10年的校企合作,把企业的"6S"模式引入到学生宿舍管理之中,取得了很好的管理效果。2008年我院接受第一轮评估时,"6S"管理模式成为我院的办学特色之一。近年来,生物化工实训中心的部分实验室也尝试了实行"6S"管理模式。"6S"管理的核心内容即6个方面——整理、整顿、清洁、素养、规范和安全。

6.5.1 "6S"管理在实验实训中心的推行

我们成立了以实训中心主任为组长的管理领导小组,组织所有实验室管理人员和实训教师认真学习、领会"6S"管理的内涵,同时制定出"生物化工实训中心'6S'管理实施细则"(见表6-2),并把平时月考核的结果纳入到学期绩效考核当中,对实验实训指导教师、管理员的评奖和评优等都会产生影响。

表6-2 生物化工实训中心"6S"管理实施细则

序号	管理项目	管理内容
1	办公室及准备室物品和物件的管理及规范	①办公室和准备室内要有定置备忘录;物品定置管理,摆放整齐有序 ②文件资料实行分类管理,标识清楚;设施完好整洁 ③建立办公室文明规范,"6S"检查考核形成制度;每日整理清扫办公室

续表

序号	管理项目	管理内容
2	实验实训室内及其设备、仪器、工具和物料	①通道畅通、平整,功能明确,无占用通道的障碍物 ②室内区域功能划分合理,标识清楚 ③实训场所设备、仪器、物料合理有序摆放,便于使用 ④实验柜、药品柜内有定置图,物品分类摆放规矩整齐 ⑤做好设备保养,保持设备处于完好状态,无渗漏
3	实验实训室内门窗及墙壁	①门窗、墙壁完好洁净 ②各管路布线规范、整齐洁净 ③按照统一要求张贴标语牌
4	现场的文件记录	①按照要求配有规范统一的仪器设备使用记录和实验实训考勤记录 ②操作现场的记录规范、完善、妥善保管,保持完好洁净
5	库房	①实施定置管理,物品分类摆放,整齐有序 ②环境整洁,通道平整通畅,布局合理符合防火防盗标准 ③账物相符,标识清楚
6	行为规范	①员工(含实训学员)养成自觉执行"6S"有关规定和遵章守纪的好习惯 ②实训时着装规范、整洁 ③实训中坚持精益求精 ④树立预防为主的安全环保观念
7	团队精神	①培养员工的团队精神和敬业精神,树立集体荣誉感和责任心 ②关心集体,乐于助人,相互协调,融洽相处 ③依靠集体的力量和智慧,以团队方式解决问题
8	制度健全	①健全组织机构,制定保护作业现场整顿成果的各项规章和责任制,责任落实到各实验室和个人 ②建立健全实训中心规章制度 ③建立检查考核制度和激励措施 ③消防、保卫责任制落实到实验室和人
9	实训现场安全、环境保护、职业卫生	①实验实训现场布局符合安全标准和环保要求,安全通道畅通,安全防护保险装置及环保设施齐全有效 ②实验实训现场布局符合消防标准要求,消防设施齐全有效 ③操作者遵守安全技术规范,并按规定穿戴劳动保护用品 ④预防各类安全事故、环境污染事故的发生

6.5.2 "6S"管理在实验实训中心的实施

(1)整理。首先把要与不要的事、物分开,再将不需要的事、物加以处理,这是开始改善实训现场的第一步,目的是腾出空间,空间活用,防止误用,打造清爽的工作场所。其要点是对实训现场摆放的各种物品进行分类,区别什么是现场需要的,什么是现场不需要的;其次,对于现场不需要的物品,如高分子材料加工实训,诸多用剩的材料,多余的半成品,切下的料头、切屑、垃圾、废品、多余的工具、报废的设备等,要坚决清理出现场。

(2)整顿。严格执行"三定"原则(定质、定量、定位),明确各工位上应该有什么,有多少,放在哪,目的是让实训场所一目了然,消除寻找物品的时间。整整齐齐的实训环境,消除过多的积压物品。通过上一步整理后,对实训现场需要留下的物品进行科学合理的布置和摆放,以便在最快速的情况下取得所需之物,在最简捷、有效的规章、制度、流程下完成事务,提高实验实训效率。

(3)清扫。把实训场所打扫干净,设备异常时立即报修,使之恢复正常,目的是稳定品质,减少工业伤害。在实训过程中会产生"三废"等,从而使现场变脏,脏的现场会影响仪器设备使用状态,故障多发,影响产品质量,使安全事故防不胜防;脏的现场更会影响学生的实训情绪,使他们不愿久留。因此,必须通过清扫来清除那些脏物,创建一个干净、舒适的实验实训环境,以保证实验实训安全、优质、高效。清扫要随时随地进行。

(4)清洁。整理、整顿、清扫之后要认真维护,保持完美和最佳状态,目的是让学生实训管理实现制度化、规范化,做到持之以恒。清洁,不是单纯从字面上来理解,而是对前三项管理的坚持与深入,从而消除发生事故的根源,创造一个良好的实训环境,使师生能愉快地工作,提高工作学习效率。

(5)素养,即教养。要有良好的遵守纪律的实训习惯,这是管理的核心,目的是培养有好习惯、遵守规则的学生,营造团队精神。没有人员素质的提高,各项管理就不能顺利开展,即使开展了也不能持久。"6S"管理始于素质也终于素质,因此要求学生牢记"穿上工作服就是准工人"的思想,时时处处注意安全,严格服从管理,规范操作,不断提高自身职业素质。

(6)安全。重视实训学生安全教育,特别是化学实验室,每时每刻都要有"安全第一"的观念,防患于未然,它包括人身安全和设备安全,如水、电、门窗、化学药品的安全使用等。目的是建立起安全的实训环境,所有的工作应建立在安全的前提下。

6.5.3 "6S"管理取得的初步成效

提升学生职业素养的途径有多种:职业技能鉴定与考证、社团活动和社会实践、"两课"教育、就业和创业教育、到企业实习锻炼等。生物化工实训中心推行"6S"管理模式,不但提高了实训中心在实践教学方面的管理水平,也同样提升了学生的职业素养。

1. 规范了实训中心的管理,提高了学生实验实训的效果

在"6S"管理模式中,前4个"S"规范了实训场地的现场管理。通过"整理",将工作和实训场所中的全部物品区分为必要的与不必要的,必要的留下来,不必要的彻底清除;通过"整顿",将必要的东西分门别类按规定的位置放置,并摆放整齐,加以标识;通过"清扫",使岗位保持在无垃圾、无灰尘、干净整洁的状态;岗位人员(含实验实训学生)在整理、整顿、清扫的基础上,通过"清洁",对实训现场认真维护,保持最佳状态,是前三项的继续与细化,并使之制度化、规范化。从而使实训场地物品的类别、数量、质量清晰,取放方便,井然有序,通道畅通,实训作业环境整洁、明快、舒畅,不但提高了教师在实训准备和实训指导过程的工作效率,也大大提高了学生实训过程的训练效率。学生在训练过程中,按照标识、规范操作仪器设备,取用工具、材料等实训物品,按操作规程严谨认真地训练,按实训场所物品摆放标识,把工具、材料等及时归位,并清洁训练场地。这样,不但减少了由于"寻找"带来的时间浪费和场地的混乱,而且,使技能训练流程更规范、严谨,确保了学生专业技能训练的优质、高效。

2. 促进了师生职业习惯的养成

高职生毕业后直接走向社会的生产、管理、服务第一线,高职教育培养的理想目标就要求高职毕业生能零距离上岗。那么,在校期间必须有意识地培养学生一些良好的职业习惯。"6S"管理中第5个"S"是"素养",也即通过"6S"管理,人人养成好习惯,按规定行事,培养具有良好习惯、遵守规则的学员。生物化工实训中心推行"6S"管理模式,一方面,通过规范的专业技能训练,让学生养成科学严谨的职

业习惯。无论是在应用化工、高分子材料，还是园林园艺专业，都把"6S"现场管理要求渗入其中，让学生在训练中形成良好的岗位操作和岗位管理的习惯；另一方面，推行"6S"管理，实训指导教师是第一执行者，教师在自己工作岗位上严格执行"6S"管理，老师的管理理念和工作作风潜移默化地影响着学生职业习惯的形成，同时，我们还把"6S"管理要求纳入到学生的技能训练考核中，督促学生养成良好的职业习惯。

3. 培养了学生的职业意识和职业道德

一个人的职业素养还包含其职业意识和职业道德。模仿企业管理，在生物化工实训中心推行"6S"管理模式，营造工作现场管理氛围，让学生在校内实训时就要潜生一种职业岗位意识，同时通过训练产生岗位责任感。如，进行化工工艺单元操作实训时，我们不仅要培养学生的工艺操作技能，还要培养学生作为一名化工企业工艺员的职业意识。职业道德中包含了职业工作中的"安全"意识，在"6S"管理中第六个"S"就是"安全"，要求员工消除隐患，创造良好的安全工作或实验实训环境，避免各类事故的发生，特别是化工方面的实验实训。通过实训中心的"6S"管理，把职业安全教育有机融入平时技能训练之中，让学生形成在工作和生活中要把社会、他人及自身的人身和财产安全放在第一位的意识，这是最基本的职业道德。

经过生物化工实训中心全体老师和部分学生半年的努力，我们把实行"6S"管理之前的实训中心照片和现在的状况进行了比对，发现在许多部位发生了十分明显的改变。立竿见影的效果，进一步增强了生物化工实训中心推行"6S"管理的信心。

目前，我国高职院校实训中心的日常管理工作中还有待于实施一种实用、简洁的管理理念，"6S"是一种很值得推广的方式。"6S"模式中许多具体的事件都是我们日常工作过程中会遇到的"小事"，就事论事，都是非常容易实现的，但是，贵在坚持，贵在落实。应当说，"6S"管理模式强调人的因素、人的意识，同时又体现了在ISO9000等管理体系中强调的"规范化"或"文件化"的因素。"6S"管理模式精当而实用，它是提升实训中心管理水平不可多得的良方，同时也是改善个人工作生活素质的秘诀，这也正切合人文素质教育的发展方向。

6.6 低碳理念下化学实验室的管理

低碳理念就是一种保护环境、节约资源、可持续发展的理念。低碳化学理念指的是化学实验路线设计尽可能减少对环境的负作用,包括原料和试剂在反应中的充分利用,是实现化学污染防治的基本方法和手段,是一门从源头上阻止污染的化学;是实现化学实验室绿色化、无害化处理,实验的废弃物争取达到零排放目标的有效思想。低碳型化学实验室应在该理念的指导下,从管理、废物排放、实验设计等方面进行建设。作为即将走上生产一线的职业院校化工类专业的学生,对他们灌输低碳经济思想,是一件有积极意义和现实意义的事情。

我院生物化工实训中心承担着全院基础化学的实验教学任务,实验教学过程中不可避免地会产生大量的废液、废气和废渣,这些将会对环境造成污染和危害。近年来,我们在实验教学中贯彻低碳经济理念,以绿色化学教育为指导思想,精选实验内容、改进实验条件和教学手段,为创建绿色化学实验室进行了积极的探索。低碳理念下的化学实验室管理应当包括"绿色化学"实验室管理和"低碳经济"实验室管理两个方面。

6.6.1 "绿色化学"实验室管理

1. 化学试剂管理

实验室试剂的保存和使用管理,必须遵循科学化、准确化和数量化的要求。试剂的存放应采用分类存放原则,实验室常规所用的化学药品与实验准备室所用化学试剂分开;剧毒化学药品、易燃易爆化学药品与一般化学药品分开。根据不同化学药品的特性存放,对一些易挥发、易升华、易潮解、易水解、易风化、易氧化或易与二氧化碳反应的化学药品,应分别采用蜡封、油封、水封、避光、低温、通风、防震、防碰等方法进行保管。如红磷、电石等存放在干燥容器里防潮解;$AgNO_3$、HNO_3等应放入棕色瓶里防分解;液溴等加水密封防挥发;碱性溶液($NaOH$、Na_2CO_3)或粉末等用橡胶塞而不能用玻璃塞盖住防黏结;浓酸性(HCl、H_2SO_4)溶液、溴水、氯水等用玻璃塞而不能用橡皮塞盖住防腐蚀;活泼金属钾、钠存放在煤油中,白磷存放在水中防着火等。

化学试剂配用要科学化、定量化。试剂配制是实验准备过程的重要环节,一定要做到规范操作准确计量,如无机实验所需试剂比较多,污染物的排放量比较大,当需要配制大量一定浓度的溶液时,首先配置高于所需溶液几倍的浓溶液,然后随时根据所需稀溶液的体积再进行稀释,这样就避免了因实验过程中出现重做、补做而引起的溶液的不足与过剩的现象,避免了原料的浪费和环境的污染。药品取用上,严格按照实验说明中规定的用量,没有说明就应该取少量。药品一旦分装出去,即使用不完也不能放回原瓶。注意控制溶液的浓度和用量,不仅可以降低实验成本,而且可以增强实验的安全性,减少对环境的污染。

2. 实验室的"三废"处理

在化学实验过程中所产生的一些废气、废液、废渣,都应按照国家要求的排放标准进行处理。对于这些化学废弃物的处理涉及相关的实验原理、处理方法等知识,是个很复杂的问题。为了创建绿色化学实验室,我们应该以节约资源、防止污染为目标来改革传统的化学实验,做到废弃物的随时收集和集中处理,把用过的各种废液、废渣等污染物进行分类收集。在实验室内放置废酸、废碱桶,定期收集,统一处理;对于有毒或可回收利用的废液,可分别收集在不同的废液瓶中,通过开设部分综合实验进行处理;对于实验过程中产生的有毒、有害及腐蚀性的气体,应在通风橱内进行实验,能够吸收的尾气要尽可能采取吸收、中和处理。对此我们主要采取了以下措施。

(1)废液处理

①稀酸、稀碱废液。可进行相互中和,调节溶液 pH 为 6~8 后,直接排入下水道。

②含 Cr^{6+} 化合物的废液。可在酸性条件下用硫酸亚铁或硫酸加铁屑使 Cr^{6+} 还原为 Cr^{3+},然后加入碱液,使其生成氢氧化物沉淀,滤液经定性分析无 Cr^{6+} 后就可以排放,将滤渣收集保存。

③含银废液。可采用硫化钠沉淀处理。

④含砷废液。在酸性条件下用硫化钠沉淀处理,滤液经定性分析后无砷就可以排放,将滤渣收集保存。

⑤含氰化物废液。先加入碱液生成氢氧化物沉淀后分离。然后调节溶液 pH 值为 6~8 后,再加入过量次氯酸钠溶液或漂白粉使 CN^- 分解后排放。

⑥含镉、汞、铅等重金属离子的废液。可在碱性条件下使其生成氢氧化物沉淀,检验滤液中不含有相应的重金属离子即可排放,将滤渣收集保存。

⑦含氟废液。加入碱液,放置24小时后过滤,滤液加酸中和稀释即可排放。

⑧含有苯胺、酚类的废液。可在其废液中加入过氧化氢使其分解后排放。

⑨一些有机萃取剂、溶剂等废液。可采取蒸馏、精馏等纯化处理后回收再利用。

(2) 废渣处理

化学实验所产生的废渣一般在各类综合实验中出现,虽然量较少,但是也不能随意丢弃。对于固体原料,无论剩余多少都应回收,供下次实验使用;对于固体的生成物,首先进行综合利用,不能综合利用的在回收后应进行无毒化处理。

(3) 废气处理

化学实验室产生的废气种类较多。我们在进行新校区生物化工实训中心建设时,已充分考虑到实验室的废气处理。学校投资了4万元,在基础化学实验室安装了先进的排风系统和通风橱。对于一些废气可采取吸收处理的方法,如二氧化碳、二氧化硫、硫化氢等酸性气体可用水进行吸收处理;氯气、溴蒸气等有害气体,可将其导入氢氧化钠溶液中进行吸收。

6.6.2 "低碳经济"实验室管理

1. 低碳理念下的化学实验教学

(1) 精选实验内容

选择对环境影响小或有毒药品可被替代的实验。在实际教学实践中,应尽量选择低毒、对环境影响小、后处理容易的,并能实现同一个目的、实验现象明显、操作简便规范的实验,淘汰或改进对环境污染大、毒性大、危险性大、"三废"后处理困难的实验项目。如在无机实验中,用"硫代乙酰胺"代替有毒的"硫化氢"做阳离子沉淀实验;在分析化学实验中,不选择有汞法测定铁,选择用无汞盐法测定铁,消除了 $HgCl_2$ 对环境的污染。测绘有色物质的吸收曲线,其实验目的在于让学生掌握吸收曲线的绘制方法和分光光度计的原理使用方法,可用"$CuSO_4$"溶液代替"$KMnO_4$"溶液测绘吸收曲线;在有机化学实验中,用"肉桂酸"代替"喹啉",避免了"硝基苯"、"苯胺"等致癌有毒试剂。在达到实验目标的同时又能保证实验者身体不受伤害,还可以减少对环境的污染,保护了环境。化学实验自身的可替代性特点,使得实现化学实验教学的绿色化完全成为可能。

(2)采用多媒体课件和仿真模拟教学

常规的化学实验不可避免地消耗大量的药品和产生一些废弃物,对于那些药品消耗量大或易燃易爆、操作不易控制或必须使用较多有毒有害试剂的实验,采用多媒体进行模拟化学仿真是很有必要的。生物化工实训中心的基础化学实验教学,每学期都会安排一些视频教学、多媒体课件教学等模拟化学仿真实验,让学生到微机室进行模拟实验。由于多媒体化学实验软件对实验原理、仪器、药品和实验过程做了详尽的描述,并使用示图、声音、动画等效果,让学生有身临其境的感觉,使学生在轻松愉快的环境中学会了化学原理和实验方法,而且自始至终不会危害身体健康,既经济又环保。

(3)微型化学实验

所谓微型化学实验,就是以尽可能少的化学试剂来获取所需化学信息的实验方法与技术。微型化学实验是在微型的化学仪器装置中进行的化学实验,是以尽可能少的化学试剂而获得比较明显的反应结果和准确的化学信息的一种新型方法。采用微型实验技术,不仅可大幅度减少实验费用,而且可以扩大化学实验的覆盖面,提高化学教学质量。其优点是试剂用量少,仅为常规实验的 1/10、1/100;降低了实验排废量,减少环境污染,缩短实验时间,且安全可靠。微型化学实验作为低碳化学的一项方法和技术,已在国内外日益得到重视和推广。

(4)串联实验,综合利用

串联实验是指通过调整实验次序,使一个实验的产物或废物成为下一个实验的原料。化工类专业实验数量较多,所以有多个这样的例子,如"二氧化碳分子量的测定"与"过氧化钙的制备"串联,二氧化碳发生产生的 $CaCl_2$ 废液就成了制备过氧化钙的原料;又如"硫酸亚铁铵的制备"和"三草酸合铁(Ⅲ)酸钾的制备及性质"串联,以废铁屑为原料制备硫酸亚铁和硫酸亚铁铵,又以硫酸亚铁铵为原料制备三草酸合铁(Ⅲ)酸钾,这样不仅节约了时间,节省了药品,同时减少了"三废",保护了环境。

(5)用仪器实验代替常规实验

在常规的化学实验中,化学试剂和溶液用量较大,选用较先进的仪器,试剂需要量可以大幅度降低。例如:分析化学实验中 COD 的测定,采用常规滴定方法试剂消耗大,实验时间长(仅加热消解就要 2 小时),而采用 COD 测定仪,试剂消耗仅为常规滴定方法的1/10。加热消解时间为10分钟,还可以一次消解48个样品,不仅降低实验费用、节约时间和能源,而且可以有效地减轻环境污染。同时,由于取样量小,容易产生误差而增加了实验操作难度,为了能使实验成功,学生必须要有严谨的科学态度、娴熟的操作技能,这无形中培养了学生的实验素质。还可以利用微波技术做样品处理、无机物和有机物的合成实验。微波化学实验其反应物用量一般低于0.01 mol,反应在数分钟内完成,实验条件温和,易于控制,且由于微波化学反应是分子意义上的搅拌,反应物转化率高,产物质量高,直接或间接地减少了对环境的污染。

2. 低碳理念下的实验室消费品管理

"低碳经济"建设内容从硬件上体现在实验室的水、电、气、纸、备品、药品等物质消耗和能量消耗的管理与控制方面。从管理制度上采用更科学、合理的实验方案和方法,以减少水、电、气、纸、备品和药品的使用。

(1)加强实验用水的节约和管理

可以在以下几个方面着手:①化学实验冷却水的循环使用。有机合成等实验常要用到大量冷却水,目前很多实验室都将此水排放到下水管白白流掉了。应采用真正方便实用、价格适中的化学实验室冷却水循环装置,以达到节约目的,从而实现间接低碳减排。②使用节水龙头。③避免实验用水跑、冒、滴、漏。

(2)加强实验用电的节约和管理

可以在以下几个方面着手:①采用先进节能干燥箱(如真空干燥箱、微波干燥箱、微波真空干燥箱等),淘汰高能耗的烘箱、马弗炉等。②适时将仪器断电。饮水机不用时断电、及时拔下实验室电器插头。③合理使用电脑、打印机。不用电脑时以待机代替屏幕保护、调低电脑屏幕亮度,不使用打印机时将其断电。④实验室照明采用感应的高效新型半导体节能日光灯。同样亮度下,半导体灯耗电量仅为白炽灯的十分之一,寿命却是白炽灯的100倍。高效节电日光灯比普通日光灯节电70%以上,13W相当于44W的T8灯管的亮度。

(3)合理利用纸张。重复使用实验教科书,办公纸张双面打印、复印,用电子邮件代替纸质信函,使用再生纸等。

6.6.3 结语

在低碳经济时代,高校化学实验室的建设与管理应当以符合"绿色化学"要求和"低碳经济"要求为主要目标和内容。这既是作为一名化学教师本身的职业道德要求,也是对我们自身负责,更是培养大批面向生产一线、具有强烈社会责任感、有牢固的绿色环保和低碳节约理念的职业院校学生的有效措施。低碳经济时代的高校化学教师不仅应具有"绿色化学"的理念,还应有"低碳经济"的理念,更应在化学实验教学中以身作则,模范践行低碳理念,对学生言传身教,达成高校化学实验室为培养更多具有先进理念、有创新能力的高素质、高技能人才做出更大贡献之目的。

6.7　高职化工类专业学生职业素养培养的思考与探索

良好的职业素养是学生事业起航的重要基石和坚强后盾。职业素养培养有利于夯实学生的职业基础,有利于帮助学生树立正确的职业意识,也有利于提升学生的就业能力和职业竞争力。实践证明,谁在职业素养上占据高位,谁就在就业上占优势,谁也就拥有更好的职业发展前景。学生职业素养缺失不仅影响高职院校的就业率,也影响到学生个人的前途,更影响我国高职教育的整体发展。因此,高职院校应重视学生职业素养的培养。

6.7.1　职业素养的内涵及对学生职业生涯的影响

职业素养是指劳动者通过学习和积累,在职业生涯中表现并发挥作用的相关品质,一般包含职业道德、职业意识、职业行为、职业技能等几个方面。"素质冰山"理论认为,个体的素质就像水中漂浮的一座冰山,水上部分的知识、技能仅仅代表表层的特征,不能区分绩效优劣;水下部分的动机、特质、态度、责任心才是决定人的行为的关键因素,才是鉴别绩效优秀者和一般者的依据。学生的职业素养也可以看成是一座冰山:冰山浮在水面以上的只有1/8,它代表学生的形象、资质、知识、职业行为和职业技能等方面,是显性职业素养;而冰山在水下的部分占整体的7/8,它代表大学生的职业意识、职业道德、职业作风和职业态度等方面,是隐性职业素养。由此可见,大部分的职业素养是人们看不见的,但正是这7/8的隐性职业素养决定、支撑着外在的显性职业素养。

6.7.2 高职院校在培养学生职业素养方面存在的主要问题

从目前高职学生职业素养培养的现状来看,主要存在三个方面的问题。

1. 偏专项培养,综合培养略显不足

目前高职院校培养学生职业素养主要有以下几种途径:

(1)成立相关的职能部门协助学生职业素养的培养,如以就业指导部门为基础成立学生职业发展中心,并开设相应的课程,及时向学生提供职业生涯规划指导、相应的职业能力与应聘技巧的培训。

(2)增加学生实践教学环节。各校各专业也都根据自身的实际情况设置了相应的实践环节。如实验、顶岗实习、社会调查、毕业实习、毕业设计、社会实践活动等。实践教学环节是培养学生动手能力和使之具有相应工作经验的主要途径,通过有组织、有计划、有目的地引导学生深入实际、深入社会、深入生活,从而提高其全面素质和能力。

(3)采用校企合作的形式。加强学校与企业的合作、教学与生产的结合,校企双方互相支持、互相渗透、双向介入、优势互补、资源互用、利益共享,既能发挥学校和企业的各自优势,又能共同培养社会与市场需要的人才,是学校与企业(社会)双赢的模式之一。以上几种途径都是一种专项培养模式,即正常教学环节以外的培养模式,在培养内容上偏重职业技能与相应的职业体验。但由于国家宏观政策、社会观念、运行机制及资金等方面的原因,以上几种形式在实践过程中要么流于形式,要么没有取得理想的效果。职业素养的内涵表明它是一种综合素养,不能简单地通过职业技能培训获得。

2. 偏显性职业素养培养,隐性职业素养培养略显不足

由于显性的职业素养可以通过各种学历证书、职业证书来证明,或者通过专业考试来验证,因此显性职业素养的培养易于考核和体现。由于受实用主义和社会风气等影响,人们往往注重显性职业素养的培养,而对隐性职业素养的培养相对忽视。我们的高职毕业生刚刚毕业时,每个人都具备了工作的基本技能,但是由于没有养成良好的隐性职业素养,在工作中常常碰壁,比如得不到加薪、得不到晋升、在人际关系方面出现问题、找不到职业发展的出路等等。其实,最大的问题在于他们的职业道德、职业意识以及职业态度有问题。因此加强高职学生隐性职业素养的培养对学生将来的职业发展至关重要。

3. 职业素养培养目标偏向提升就业率，教育整体价值略显不足

政府、高校、社会各层面对职业素养培养的广泛关注主要源于学生的就业难。高职教育不仅为国家和地方经济发展培养适应生产、管理、服务一线的高素质、高技能人才；同时也肩负着不断更新、提升一线劳动者素质的任务。从教育的终极价值来说，教育不能把受教育者仅仅作为手段和有用的工具来培养，而首先必须把他们作为一个完整而丰富的人来培养。长期以来我们过分片面地追逐教育的功利价值，学校无论教什么、学什么、怎样教、怎样学，教育者和受教育者功利性十足，似乎教育和受教育的唯一目的就是为升学、就业、出国、晋级、升迁等功名利禄，只有能达到这些目的的教育才是有用教育，否则教育就是空谈，读书就无用。正是由于这种狭隘的教育价值观，致使教育内容和学校生活变得相当贫乏和单调，学生精神世界和生活世界相当空虚和乏味，严重阻碍了学生生动活泼的人格的完善。

6.7.3 高职化工类专业学生职业素养培养的探索

针对目前高职学生职业素养培养方面存在的不足，我们重点加强了对学生隐性职业素养的培养。

1. 爱岗敬业意识的培养

被誉为"物理化学之父"的奥斯特瓦尔德曾这样赞美过他所热爱的职业："啊，化学，美妙的化学！我奉献出毕生的精力为你工作，而你为我把崭新的道路开拓。"一个人只有热爱他所从事的职业，他才能把自己的工作当成一种精神享受，才能在工作中表现出勤奋和主动。近代化学之父道尔顿"午夜方眠，黎明即起"，他坚持记录气象四十余年，临终那天的日记只有四个字：今日微雨。我们把爱岗敬业意识的培养贯穿于学生在校三年学习、生活的始终：我们把学生的作业与学生将来的产品相联系；把学生上课迟到与将来上班迟到相联系；把学生的宿舍卫生同他们将来的工作岗位卫生相联系等等，学生的爱岗敬业意识就在这潜移默化的学习、生活环境中得到培养。

2. 化工安全生产意识的培养

近年来我国安全生产事故频发,很多与操作工人或领导的安全生产意识淡薄有关。我们主要从以下几方面加强对学生安全生产意识的培养:(1)利用飞信及时向学生通报安全生产事故案例;(2)利用班报、系报宣传安全生产法规;(3)每学期至少举行一场安全生产讲座;(4)通过校园文化活动培养,如我院每年都要举行一场防震、防火安全疏散演练;(5)结合专业课教学培养,如在化工生产工艺技术课中渗透安全技术内容:①温度控制。若温度过高,反应物可能分解着火,造成压力升高,引起爆炸;温度过低,会造成反应速率减慢甚至停滞,一旦反应温度升至正常,往往会由于反应物料积累过多而发生剧烈反应引起爆炸。②投料控制。投料速度不能超过设备的传热能力,否则温度将会急剧升高,使物料分解而造成事故。投料顺序也不能颠倒。例如,氯化氢的合成,应先通氢气后通氯气;生产三氯化磷,应先投磷后通氯气,否则有可能发生爆炸事故。投料量也要严格控制:投料过多,往往会引起溢料或超压;而投料过少也可能发生事故。③压力的控制。正确控制压力,防止设备管道接口泄漏。若物料冲出或吸入空气,容易引起火灾爆炸。总之,要想将来安全生产,现在必须警钟长鸣!

3. 环境保护意识的培养

高职化工类专业的学生将来的工作场所大都是化工企业,因此他们的环保意识的强弱将直接影响到化工企业环境保护的力度。加强化工类专业学生环保意识,我们主要做了以下几点:一是利用专业课程教学和社会实践活动(如白色污染调查、河水污染分析等),消除学生对环境问题的无知,使他们掌握处理环境问题所需的基本知识和技能,培养他们应用所学知识去解决环境问题的责任感。二是我们把化工类专业学生的环境教育同学生将来可能从事的工作岗位联系起来,做到有针对性地进行教育。因为化工类专业的学生已经具备了一定的环境知识和环保技能,但他们还不能处理一些复杂的环境问题,特别是对他们将来的工作中可能会遇到的环境问题还无思想准备,因此必须提前培养。三是我们把化工类专业的学生环境教育的重点放在学生即将从事的职业上,将这种职业对周围环境的影响以及周围的环境对个人健康的影响联系起来。通过以上工作,学生的环境保护意识得到了很大提高。

4. 职业道德意识的培养

培养学生职业道德意识,我们主要从提高学生职业道德认识入手。职业道德认识即职业道德知识教育。只有通过职业道德知识教育才能使学生理解和掌握职业道德准则,否则就不可能形成职业道德行为。第一位诺贝尔化学奖获得者范霍夫在获奖后,一面研究化学,一面从事送奶员职业,在他看来,送奶员职业与化学家职业"只是分工不同,并无高低贵贱之分"。面对索尔维制碱法对世界制碱工业的垄断,我国化学家侯德榜经过5年600多次的试验,终于在1943年发明了举世闻名的"侯氏制碱法",并将此法无偿地、毫无保留地公之于众。这些典型事例对提高学生职业道德认识很有帮助。与通常的思想道德课相比,结合专业内容对学生进行职业道德意识培养,有思想、有人物、有内容,避免了空洞的说教,拉近了与学生的距离,因而很容易内化为学生的自觉行为,往往能收到事半功倍的教育效果。

5. 团结合作意识的培养

近几年,在我们与用人单位的沟通中发现:大多数毕业生的专业知识和技能是合格的,但在团队协作能力方面,却往往表现得不尽如人意。现在有不少企业苦于找不到高素质的技术人才,用他们的话说,就是"没有合作意识的人不敢用;缺乏创新意识的人不好用;没有敬业意识的人不想用。"一家企业老板讲了一个非常简单的故事:他曾用过两位技术人员,其中一位在工作中遇到了技术难题,此时他只会苦思冥想乱翻书,却不屑于向坐在旁边的高手请教。而这位高手此时不是把他当作同企业的合作伙伴,而是把他当成竞争对手,坐在旁边等着看笑话。目前,学生缺乏团结合作意识主要表现在以下几方面:①部分学生集体观念淡薄,片面强调实现个人价值,重个人发展。②遵守集体规范的意识欠缺。③同学彼此间不能做到团结友爱互相包容,过分强调竞争,忽视合作。针对以上现象,我们主要采取了以下教育措施:一是校园文化活动,如讲座"化学史上团结合作的典范——稀有气体发现史";二是实践教学活动,无论是学生实验还是社会调查,我们都要进行分组,为大家提供合作的机会;三是适时鼓励,对各种比赛我们都尽可能设置团体奖,并纳入到学生学期评优工作中去。

6.8 高职化工类专业学生职业素养培养的实践

职业素养是指职业内在的规范和要求,是在从事职业过程中表现出来的综合品质,包含职业道德、职业技能、职业行为、职业作风和职业意识等方面。职业素养由显性职业素养和隐性职业素养共同构成。显性的职业素养是指职业行为和职业技能等外显方面;隐性的职业素养是指职业意识、职业道德、职业作风和职业态度等内在方面。通过近几年我们与企业的交流发现,现在企业对学生隐性职业素养要求越来越高。因此,在培养学生显性职业素养的同时,不能忽视隐性职业素养的培养。

6.8.1 实践教学是培养学生显性职业素养的有效方式

教育部《关于全面提高高等职业教育教学质量的若干意见》(教高[2006]16号)明确指出:"人才培养模式改革的重点是教学过程的实践性、开放性、职业性,实验、实训、实习是三个关键环节。""加强实训、实习基地建设是高等职业院校改善办学条件、彰显办学特色、提高教学质量的重点。"高等职业教育中的实践技能训练教学,既是技能训练,更是培养学生显性职业素养的核心环节。在实践教学过程中我们主要从以下三个方面来培养学生的显性职业素养。

1. 校内实验课——把学生引领到会或基本会的程度

今年,我院生物化工实训中心成功申报了安徽省省级示范实验实训中心,这为我们校内实验课教学提供了强有力的保障。我们通过对化工企业的走访和调研,详细分析了化工类专业岗位工作任务所需核心技能,制定出化工类专业"知识——能力——素质"框图,在此基础上有针对性地对学生的基本操作技能进行训练,同时不断建立和完善校内实验实训设施,如基础化学实验室建设、化工仿真模拟实验室建设、CAD机房建设等,教师在实施教学的过程中,重点以项目导向或任务驱动的形式(如分析工、操作工的考证),指导和引领学生学会各项技术的基本操作方法或规范。

2. 校内生产性实训——把学生由会或基本会引领到熟练或基本熟练的程度

由于受到诸多因素的制约,目前我国高职院校和企业之间还没能做到广泛的合作。为了进一步缩短学生与企业的距离,我们把目光放到了校内生产性实训上。通过校内实验教学,学生虽然能初步掌握一些操作的基本方法、步骤,但由于课程教学时间、场所的限制,没有充足的时间和逼真的场所让学生反复训练,学生通过校内实验教学获得的技能还不牢固、不熟练。通过校内生产性实训,不仅弥补了在校内实验教学中的不足,而且还延伸了校内实验教学的范围,使学生在校内生产性实训活动中进一步学习和操作专业技术,从而巩固学生的专业技能。如精细化工生产技术这门课程,我们利用校内生产性实训,采用项目化教学(如化妆品生产、涂料生产等)来提升学生的职业素养。

3. 校外岗前训练和顶岗实习——培养与企业"零距离"的职业人

我们选择了当地有代表性的两家大型化工企业(安邦聚合高科有限公司和金禾化工集团),开展校企深度合作,采用"2+1"合作办学模式,我们和企业共同制定人才培养方案,聘请企业工程技术人员作为我们专业建设指导委员会成员,不定期请工程技术人员来学校做报告或讲座。学生通过一年的顶岗实习,在毕业那一年已经成长为一名比较熟练的技术人员。学生顶岗实习结束后,经校企共同考核,合格后即转为该企业的职工,这样,既解决了学生的就业问题,也解决了企业的人员招聘、培训等问题,同时还取消了学生的试用期,可以说是学校、企业、学生"三赢"。

6.8.2 校园文化活动是培养学生隐性职业素养的主要方式

我们主要通过开展校园文化活动来培养学生隐性职业素养。校园文化活动是培养学生安全生产意识、爱岗敬业意识、团结合作意识、环境保护意识以及职业道德意识等的主要方式。学生通过参加丰富多彩的校园文化活动,潜移默化地使自身的职业素养得到提升。我们还把校园文化与企业文化有机地结合起来,引入企业文化不仅有助于提高学生对企业、对社会的认知,而且还能增强学生对职业精神、职业规范和职业素质的基本了解,帮助学生树立职业理想,从而不断地内化并养成职业素养。例如,我们把企业的"6S"管理模式引入到实验室管理之中,学生进入实验室就如同进入企业的工作岗位,使学生提前适应企业的相关管理,从而避免了学生将来对企业管理的不适应。特别是近几年,我们通过开展化工类专业隐性课程系列讲座、安全生产事故飞信通报、环境保护辩论赛等活动,对培养学生隐性职业素养起到了良好的效果。以隐性课程系列讲座为例,我们每学期不定期为学生举行两场职业素养培养方面的讲座(第五、第六学期学生已经到企业顶岗实习),具体内容如表6-3所示。

表6-3 化工类专业隐性课程系列讲座安排表

学 期	讲 座 内 容
第一学期	①入学教育与专业教育; ②化学教材中所蕴含的人文精神
第二学期	①化学史讲座——化学家们的爱岗敬业精神和团结合作精神; ②化学与生活、化学与环境讲座
第三学期	①化工安全生产法规讲座; ②化工安全生产技术讲座
第四学期	①化工产品营销策略与职业道德讲座(一); ②化工产品营销策略与职业道德讲座(二)

6.8.3 课堂教学是培养学生显性与隐性职业素养的直接方式

首先,无论是黑板上的理论教学还是实验室中的实验教学,课堂始终是培养学生职业素养的主要场所。课堂教学的好坏将直接关系到学生整体素质的提高。目前,高职院校普遍推行"案例教学"、"项目导向"、"任务驱动"、"工学结合"、"教学做合一"等人才培养模式。这就要求我们教师要以全新的职教理念来重新设计课本与课堂。我们的教材是按知识体系和逻辑体系来编写的,而以上人才培养模式则是按典型的工作过程来设计教学内容和进行能力训练的,教师的任务就是如何把这些系统化、逻辑化的知识设计成项目化、任务化的知识。如化工类专业的"机械基础"和机电类专业的"机械基础",由于学生将来的工作任务不同,教师在教学内容安排、教学设计、能力训练等方面也要体现出不同。项目化的课程模式,要求将职业活动的实际工作情境、过程、结果移到教材和课堂中来,要以企业实际工作项目为载体,以任务为驱动,在完成这些项目和任务过程中,使"工"与"学"、"学"与"做"有机结合起来,从而达到训练、培养学生职业技能的目的。

其次,我们还要充分利用课堂这一直接的育人场所。我们把学生的作业与学生将来的工作产品相联系;不认真的作业相当于次品,做错的作业相当于废品;把学生上课迟到与将来上班迟到相联系;把学生的教室卫生同他们将来的工作岗位卫生相联系等等。总之,在课堂上我们要想方设法创造培养学生企业意识的机会。

最后,课堂教学是培养学生职业素养最经济有效的途径。从提升学生职业素养的实施障碍来看,存在的主要问题一是经费问题,二是管理问题。受社会发展和人、财、物等因素的制约,完全脱离校园和专业课去接受专门的、有针对性的实践教学、职业训练对当前高职教育来说是不现实的,基于课堂本身和学校可发展能力来探索实践教学仍将是当前及今后较长时间内提高学生职业素养的主要途径和现实选择。

6.9　高职应用化工技术专业实践教学体系的构建与实践

《教育部关于全面提高高等职业教育教学质量的若干意见》(教高[2006]16号)文中指出:"人才培养模式改革的重点是教学过程的实践性、开放性和职业性,实验、实训、实习是三个关键环节。""加强实训、实习基地建设是高等职业院校改善办学条件、彰显办学特色、提高教学质量的重点。"因此,加强实践教学,构建具有高职特色的实践教学体系,是实现高职人才培养目标的关键。

我院应用化工技术专业于2003年开始招生。8年来,化工教研室对该专业的实践教学体系做了大量的理论研究和实践探索,并取得了一定的成效,形成了具有自身特色的实践教学体系。

6.9.1　实践教学体系的内涵建设

(1)实践教学目标体系建设。我们吸收了化工企业和行业协会的技术骨干为本专业的专业建设指导委员会成员,请他们从职业岗位的需要出发,确定工作能力目标。实践中,我们建立了"一主两翼"即"以专业技术应用能力和职业能力的培养为主线,以文化素质、人文素养与职业资格的培养为两翼"的实践教学目标体系。

(2)实践教学内容体系建设。几年来,我们根据职业能力的形成规律和化工专业实践教学的特点,对实践教学内容体系进行了"横向和纵向"整合,最终形成了"三层面、三模块"立体交互式实践教学体系。这样,使学生在实践教学中学到的技能不再是机械零散的,而是"职业人"应具备的完整的、系统的职业技能。

(3)实践教学管理与保障体系建设。在构建新的实践教学体系过程中,我们始终把建立与之配套的实践教学管理与保障体系作为一项重要工作,先后制定并实施了一系列规章制度和管理措施,出台了《生物化工实训中心建设规划》、《生物化工实训中心管理条例》、《实验教学管理规定(试行)》、《实验室管理人员岗位职责》、《学生实验守则》、《关于加强开放实验室和学生科技活动的意见》、《学生见(实)习管理条例》、《学生岗前训练与顶岗实习管理规定》、《生物化工实训中心实行"6S"管理细则》、《毕业生顶岗实习任务书》等十多项管理措施,同时还加强了"双师型"教师队伍建设,为实践教学的顺利实施提供了有力保障。

(4)实践教学考核与评价体系建设。近年来,我们把实践教学的考核与国家职业资格鉴定接轨,以获取职业资格证书为抓手,大大提高了实践教学的质量。例如,校内实训课的考核我们选择了中级"化学检验工"、"有机合成工"、初级"化工操作工"的考核标准作为考核依据。学生在顶岗实习期间实行以实习单位为主、学校为辅的校企双方考核制度,由双方指导教师共同填写《学生顶岗实习考核表》。考核标准我们选择了中级"化工仪表维修工"、"化工操作工"、"初级质量工程师"的标准。这几年,我们的毕业生全部是"双证",有的甚至是"三证"就业。

6.9.2 "三层面、三模块"立体交互式实践教学体系的构建

结合我院实际和化工类专业的特点,并借鉴其他高职院校实践教学的成功经验,我们提出了"三层面、三模块"立体交互式实践教学体系(见图6-1)。

1. 实践教学体系的"三层面"

根据实践教学的不同环节和不同课程内容,我们将实践教学体系划分为化学实验类层面、化工实训类层面和综合实践类层面。

(1)化学实验类层面。主要包括四大基础化学实验、化学实验知识竞赛、化学实验技能大赛、初中级化学检验工和有机合成工考证等。

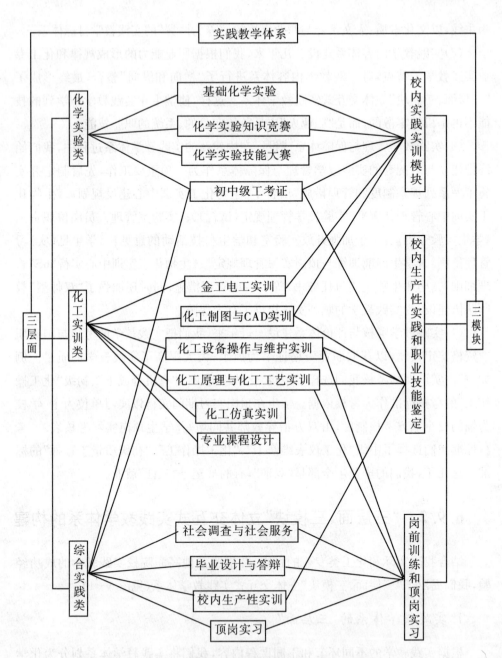

图 6-1 "三层面、三模块"立体交互式实践教学体系

（2）化工实训类层面。主要包括金工电工实训、化工制图与 CAD 实训、化工设备操作与维修实训、化工原理与化工工艺实训、计算机模拟仿真控制实训、专业课程设计等。

(3)综合实践类层面。主要包括社会调查与社会服务、毕业设计与答辩、校内生产性实训、顶岗实习、初中级化工操作工、化工总控工等职业资格考证等。

2. 实践教学体系的"三模块"

结合应用化工技术专业岗位工作任务，紧紧围绕行业企业岗位技能、素质、能力要求，我们构建了以下"三模块"实践教学体系。

(1)校内实验实训模块(第一模块)。该模块的学习目标主要是把学生由不会引领到会或基本会的程度。在剖析专业岗位工作任务所需核心技能的基础上，建立和完善本专业的校内实验实训基地(如基础实验室、化工仿真模拟实训室、CAD机房等)，教师在实施教学过程中，重点以项目或任务驱动的形式(如初级工的考证)，指导和引领学生学会各项技术的基本操作方法或规范。

(2)校内生产性实训和职业技能鉴定模块(第二模块)。该模块的主要学习目标是把学生由会或基本会引领到熟练或基本熟练的程度。因为职业技能的培养往往要通过反复操作才能逐步达到熟练的程度。

校内生产性实训至少有以下几方面的作用：

首先，可以延伸第一模块的实践教学，提高学生技能的熟练程度。通过第一模块的实践教学，学生能够初步掌握技能操作的方法、步骤，了解技术或技能的关键点。但是，由于课程教学时间的限制，没有充足的时间让学生反复训练，因此学生对在教师指导下的第一模块中传授的实践技能尚不能够熟练掌握和应用。通过第二模块实践训练来延伸第一模块的实践教学，让学生在第二模块实践活动中进一步学习和操作专业技术，从而使专业技能得到提升。如"精细化工生产技术"这门课程就需要利用第二模块进行实践教学，才能使学生的专业技能得到巩固和提高。

第二，可以培养学生的创新、创业意识以及团队协作精神。学生是自发、自愿、自主参与第二模块实践技能活动的，因此也就没有第一模块实践教学的许多约束，在时间、空间、内容、形式上学生有完全的自主权。在该模块实践技能活动中可以充分发挥学生个体或活动小组的想象力和创造力，在许多方面往往会有意想不到的创新。而且，第二模块实践活动具有与岗位实际相接近的特性，学生通过类似的实践技能活动项目，可以熟悉和了解生产过程，为今后的创业打下一定的基础。

第三，丰富学生的业余生活，创建和谐校园。大学期间，学生有大量的业余时间和充沛的精力，学生参与第二模块的实践活动不仅能够培养技能，而且也是丰富业余生活的良好途径以及建设和谐校园的有效举措。近年来，我们以校内生产性实习基地为平台,以职业技能鉴定为导向,开放校内生产性实习基地,以兴趣小组、勤工助学、研究小课题等多种形式,在兼职教师的引领下,学生自主、自发、积极开展各项技能活动,学生的动手能力明显增强,受到用人单位的充分肯定。

(3)校外岗前训练和顶岗实习模块(第三模块)。选择有代表性的化工生产企业,开展校企联合(如"2+1"合作办学模式),以提高学生的职业技能和社会适应能力,缩短就业的社会适应期。例如我们与霞客环保色纺股份有限公司合作的委托培养"2+1"人才培养模式,即两年在我院学习,一年在企业顶岗实习。我们与该公司共同制定人才培养方案,有针对性地对学生开展技能训练,学生顶岗实习后即转为该公司的职工,既解决了我们毕业生的就业问题,又解决了该公司的人员培训问题,同时也取消了学生的试用期,可以说是学校、公司、学生"三赢"。

6.9.3　实践教学体系的实施与初步成效

1. 校内外实训基地建设得到进一步加强,确保了实践教学的质量

目前,我院已建成化学化工实训室、化学化工分析室、计算机仿真模拟控制实训室、化工设备认识及装配技能实训室。以上实训室是由若干能实现或模拟化工生产真实环境的实验室组成。例如,计算机仿真模拟控制实训室是通过计算机再现实际化工生产过程的片段,使学生如同坐在化工厂的控制室,就计算机采集上来的数据对生产过程进行分析会诊,分析操作参数的合理性,监测设备仪表运行是否正常等。学生在这种逼真的环境下训练生产过程评估、调优、控制、监测的方法,可达到高于常规下进厂实习及一般仿真操作的教学效果。

几年来,我们已经与佳通轮胎股份有限公司、霞客环保色纺股份有限公司、瑞兴化工有限公司等六家省内大型化工企业签定了《校外实训基地建设协议》;金达石油公司在我院开设了冠名班——"金达石油化工班"。学生通过在以上企业实习,直接参与企业生产、管理的各个环节,了解了化工市场行情和企业生产特点,实现了学生与企业的无缝对接,许多学生因表现出色而被企业直接留用。

2. 积极开展实践课程体系的优化整合

在新的实践教学体系的基本框架内,我们进行了实践教学内容体系的优化整合。如打破原有的四大基础化学实验独立开设的教学模式,将与实验密切联系的

理论和先进的化学技术结合在一起,形成新的理实一体化课程——"基础化学",构建以培养学生能力为核心的实验教学体系;化工工艺课程实训按章节内容设置多个单元模块,采取"套餐式"教学;把化工原理与化工设备两大课程的实践教学内容进行整合;把仪表与自动化、计算机仿真与计算机控制三方面内容进行整合等等。新编了《化学实验技术基础》、《化工操作模拟仿真实训讲义》、《化工原理实训指南》、《化工单元操作实训讲义》、《毕业设计(论文)概论》等一批实验实训教材和讲义。

3. 打造了一支"双师型"教师队伍,保障实践教学改革的顺利进行

在"双师型"教师队伍建设过程中,我们始终以教育部《高职高专院校人才培养工作水平评估指标等级标准及内涵》(试行)为指南。本专业现有专业教师9人,其中从企业外聘兼职教师2人,占22.2%;具有硕士学位的有7人,占77.8%;副高以上职称(副教授、高级工程师)有4人,占44.4%;高级技师1人、技师4人、高级工3人,"双师型"教师占55.6%。这支"双师型"教师队伍是我们实现实践教学改革的有力保障。

4. 带动了隐性课程建设,提升了学生的人文素养和职业竞争力

在实践教学的各个环节中,我们非常重视学生人文素质的培养,尤其是抓住学生顶岗实习的契机,利用不同企业的文化给学生带来的强烈体验,提升学生的人文素养,收到事半功倍的效果。在校内,我们把企业的"6S"管理模式引入实践教学管理之中,增强了学生的社会适应性;利用"世界无烟日"教育我们学生在实训场所"严禁烟火";"绿源环保协会"开展社会调查,进行环保宣传,撰写科技小论文;利用校广播站、系刊、板报等媒体宣传化学史上优秀科学家的感人事迹,培养学生的职业道德、职业理想和敬业精神;以各种典型的安全生产事故为例,开展安全生产讲座;等等。学生在这种健康向上的文化氛围中,人文素养得到进一步提升,这无形中提升了学生的职业竞争力。

综上所述,围绕实践教学新体系的构建,我们以实践基地建设为支撑,以内涵建设为保障,积极开展实践课程体系的优化整合,大力推进现代教育技术在实践教学中的应用,从而使实践教学活动不断深化。几年来的实践表明,新的实践教学体系对提高学生的动手能力有良好的效果,学生的综合素质受到用人单位的充分肯定,该专业的毕业生已经连续5年就业率保持在100%。

6.10　高职化工类专业"一主多元"实践教学模式的探索与实践

我院的应用化工技术专业和高分子材料应用技术专业,在实践教学方面,经过8年的探索,逐步形成了"一主多元"实践教学模式。通过对该模式的实施,取得了比较明显的教学成效,形成了我们自身的实践教学特色。

6.10.1　当前高职化工类专业实践教学中存在的问题

纵观当前高职化工类专业实践教学,主要存在如下不足:

①实践教学"前少后多"——缺乏连续性、一贯性。大多数实践教学安排在二年级下学期以后,出现了"头轻脚重"现象,这势必会造成理论教学与实践教学的两极分化和相互对立,不能很好做到"理实融合、前后贯通"。

②实践教学的内容不"多"——不丰富。实践教学只是"验证"理论的正确性。教材没有涉及的理论内容,实践教学也不去涉及,实践教学的深度与广度取决于理论教材的深度与广度,缺乏设计型、工艺型、综合型、应用型和创新型实验,造成学生在实践教学过程中处于被动和从属的地位,其主观能动性很难在实践教学过程中得到发挥。

③实践教学的形式不"多"——形式枯燥。除了在校内的实验室"照方抓药"做一些实验外,顶多就是到校外的一些企业看一看,没有把丰富多彩的网络资源、信息资源、企业资源很好地利用起来。

④实践教学的方法不"多"——方法单调。大多是见习参观与顶岗实习,"工学交替"、"项目教学"、"任务驱动"、"教学做合一"等在实践教学中体现得不多。

⑤实践教学的考核方式不"多"——方式单一。大多是笔试加操作,企业考核、口试考核、仿真考核、报告考核等方式很少使用,造成对学生技能的评价较片面。

⑥实践教学的场所不"多"——场所专一。大多在校内实验室进行,实验场所不开放,实验室往往以某一门课程来命名,势必造成实验室功能单一、规模较小、相对独立、利用率不高,各实验室的相互交流较少,只能承担某一门课程的实验任务,给实践教学内容的综合化、系统化带来了难以逾越的体制鸿沟。实验室的功能得

不到充分发挥,生产性实训偏少,人为地拉大了实验室与工厂的距离。

另外,实践教学装备(包括硬件和软件)的数量和技术含量与职业岗位群及高技能型人才培养的要求之间存在较大的差距;实践教学人员中普遍缺乏具备"双师型"素质的专、兼职实践教学师资力量,部分专职实践教学人员没有经过系统的工程实践和技术应用锻炼。

基于以上的种种原因,根据高职化工类专业的教学特点和行业性质,我们探索出了"一主多元"的实践教学模式,通过对该模式的实施,提高了学生的职业素养和职业竞争力。

6.10.2 "一主多元"实践教学模式的构建

针对目前高职化工类专业在实践教学中存在的问题,我们有针对性地构建了"一主多元"的实践教学模式(见图 6-2)。所谓"一主多元"即在高职三年学习过程中,始终以实践教学为主线,把实践教学贯穿于高职三年学习的始终,同时采用多元化的实践教学。

1. 实践教学内容多元化

安排丰富的实践教学内容是提高实践教学质量的保证。一方面要改革传统的实践教学内容,另一方面增加了创新教学与专题教学等方面的内容。在实践教学内容体系建设方面,我们构建了"三层面、三模块、一结合"的内容体系,即将传统的基础实验、综合实验及专业实训进行纵向整合,将实验实训分为"基础性、专业性、生产性"三个层面,基础性强调"实验"、专业性强调"实训"、生产性强调"实操";同时将实验实训教学横向分为三个模块——校内实训模块、校内生产性实训和职业技能鉴定模块、校外岗前训练和顶岗实习模块;整体上,我们把实践教学与职业技能鉴定有机地结合起来(一结合),以职业技能鉴定的考核标准为标杆,参加省、国家职业技能大赛以及我院每年举行的科技创新节活动,逐步形成了"以考促训、以比促练"的实验实训教学氛围,进一步丰富了实践教学的内容。

2. 实践教学形式多元化

除了传统的见习、参观、顶班实训、顶岗实习以外,还开展调查(市场调查、社会调查)、课外科技、社会实践、兴趣小组等活动;鼓励学生以实际的企业项目做毕业

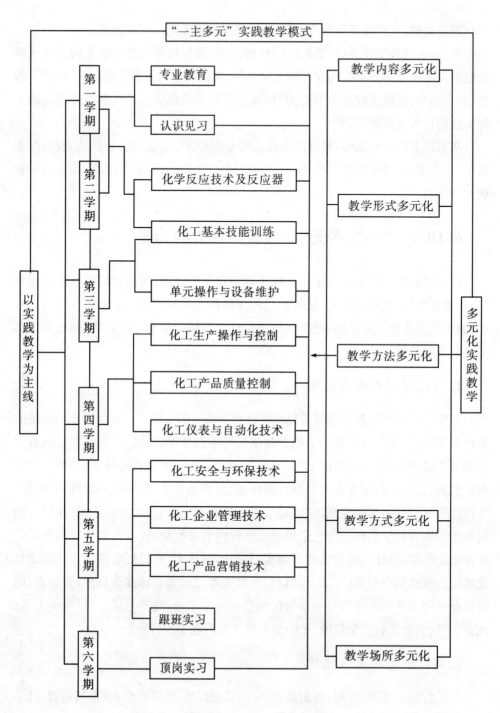

图 6-2 "一主多元"实践教学模式

设计的选题；增加综合型、设计型、自主型实验；充分利用现代信息技术和网络技术，如录像教学、仿真模拟、辅助设计等形式开展实践教学。例如，计算机仿真模拟控制实训就是通过计算机再现实际化工生产过程的片段，使学生如同坐在化工厂的控制室，就计算机采集上来的数据对生产过程进行分析会诊，这种仿真实训提高了实践教学的效果。

3. 实践教学方法多元化

改变传统的"我讲你听"、"我做你看"、"我先示范，你后动手"的方法，采用"自主教学"、"合作教学"、"探究教学"、"项目导向"、"任务驱动"、"教学做合一"等多种教学方法。例如，"精细化工生产技术"课程的实践教学，我们就是采用"理实一体化"、"教学做合一"的方法，把实训内容"项目化"，肥皂、胶水、涂料等产品就是在化工实训中心边讲解、边学习、边实训的过程中，在课堂与实验室融为一体的环境中生产出来的。而这在过去，是通过先学理论知识、后操作实训完成的，而且实训效果总是不太理想。

4. 实践教学考核多元化

考核方法体现了教学目标，也是对学生学习方法和实验、实训内容的导向及实验实训效果的评定。实践教学考核，我们改变传统的笔试加操作考核方式，根据不同的实验实训项目和场所，采用企业考核、口试考核、仿真考核、报告考核、组内考核、小组互评、教师评价等方式，加强对实践过程的监控与考核，避免考核成绩的片面性。例如，我们结合不同实验、实训内容，采取开放式、自主型、多元化考核模式，鼓励创新，对于有创见的学生，成绩从优。考核方法采用设计、制作、内容答辩、实验、实训总结等形式，教师根据学生实验、实训情况和总结、答辩内容评定成绩等级。

5. 实践教学场所多元化

除了校内的实验室外，还可以在校内生产性实训工厂、校外实训基地、家乡工厂调研、假期企业顶班、社团活动场所和社会服务场所等。例如，"化工机械与设备"课程的实训，我们专门安排一周的时间到我们校外实训基地——金禾化工集团，从设备性能、技术参数、机械结构、常见故障、安装维修等方面进行现场教学。

6.10.3 实践教学模式的实施效果

(1)构建了"三层面、三模块、一结合"的实践教学内容体系,有效地解决了实践教学"前少后多"、"头轻脚重"的问题。在纵向"三层面"中,基础性内容是指"化学实验层面"(包括四大基础化学实验、化学实验知识和实验技能大赛、化学检验工职业资格考证等);专业性内容是指"化工实训层面"(包括金工电工实训、化工制图与CAD实训、化工设备操作与维修实训、化工单元操作与化工工艺实训、计算机模拟仿真控制实训、专业课程设计等);生产性内容是指"综合实操层面"(包括校内生产性实训、顶岗实习,甚至包括社会调查与社会服务等)。这样一来,三年教学始终以实践教学为主线,每一学期根据新的实践教学体系都有不同内容、不同形式的实践教学,使实践教学有条不紊、循序渐进进行。

(2)编写出一些适合该模式操作运行的基于工作流程的"理实一体化教学"和"项目化教学"校本教材,理论教学与实践教学做到了"理实交融,融会贯通"。以我院开展的第三轮教学改革为契机,我们重新修订了化工类专业的人才培养方案,每个专业开发出 4~5 门核心课程进行重点建设。例如,在基础课中,我们把四大基础化学的教学内容进行了重组,删减了后续课程中重复出现的内容,把理论课与实验课糅合到一起,即由原来四门独立的理论课和四门独立的实验课整合出一门"理实一体化"的校本课程——"基础化学"。过去四大基础化学的教学总是先在教室里上理论课,然后再到实验室做实验以验证理论的正确性。而整合后的"基础化学"教学则大部分时间在实验室里进行。把过去那种"先学理论知识后进行实验验证,学生被理论知识牵着鼻子走"的现象转变为"先实验探索后理论归纳,学生成为知识的探索者、发现者、归纳者"。核心课程的教学,我们主要是通过"项目化教学"完成的。本着服务地方经济的原则,我们聘请了当地几家化工企业和高分子材料企业的工程师参与了核心课程项目化教材的编写,这样就做到了企业需要什么知识和技能我们就传授和培养什么知识和技能。以上教材的使用,淡化了理论教学与实践教学的界限,同时也突出了专项技能的培养,极大地提高了实践教学的效果。

(3)校内外实训基地建设得到进一步加强,确保了实践教学的质量。在该模式的实施过程中,我们已建成化学化工实训室、化学化工分析室、塑料成型加工实训室、计算机仿真模拟控制实训室、化工设备认识及装配技能实训室等。由以上实训室组成的生物化工实训中心在 2010 年已成为安徽省省级示范实验实训中心。几年来,我们已经与佳通轮胎股份有限公司、霞客环保色纺股份有限公司、瑞兴化工有限公司等多家当地及周边大型化工、材料企业签定了《校外实训基地建设协议》,学生通过在以上企业实习,直接参与企业生产、管理的各个环节,了解了化工、材料市场行情和企业生产特点,实现了学生与企业的无缝对接,许多学生因表现出色而被企业直接留用。这样,既解决了学生的就业问题,也解决了企业的人员招聘、培训等问题,同时还取消了学生的试用期,可以说是学校、企业、学生"三赢"。

(4)加强了实践教学模式的内涵建设。在实践教学目标体系建设方面,我们建立了"一主两翼"即以专业技术应用能力和职业能力的培养为主线,以文化素质、人文素养(我们称之为隐性职业素养)与职业资格培养为"两翼"的实践教学目标体系。在实践教学管理与保障体系建设方面,我们始终把建立与该实践教学模式相配套的实践教学管理与保障体系作为一项重要工作,先后制定、整理、汇编出一系列规章制度和管理措施,同时还加强了"双师型"教师队伍建设,为实践教学的顺利实施提供了有力保障,极大地调动广大师生重视实践教学、参与实践教学的积极性和创造性,推进实践教学朝着制度化、规范化、高效化和现代化方向健康发展。在实践教学考核与评价体系建设方面,我们把实践教学的考核与国家职业资格鉴定接轨,以获取职业资格证书为抓手,改变原来化工实践教学质量监控和能力测评不全面、不系统、不理想的落后现状,大大提高了实践教学的质量。学生在顶岗实习期间实行以实习单位为主、学校为辅的校企双方考核制度,由双方指导教师共同填写《学生顶岗实习考核表》,以相关职业资格考证的标准为标杆设置考核标准。这几年,我们的毕业生全部是"双证"就业,有的甚至是"三证"就业,化工类专业的毕业生始终供不应求。

综上所述,围绕实践教学内容体系的构建,我们以实践基地建设为支撑,以内涵建设为保障,始终以实践教学为主线,积极开展实践课程体系的优化整合,大力推进现代教育技术在实践教学中的应用,从而使多元化的实践教学不断深化。几年来的实践表明,"一主多元"实践教学模式对提高学生的职业能力有良好的效果,毕业生的综合素质受到用人单位的充分肯定。

参考文献

[1] 刘春生,徐长发.职业教育学[M].北京:教育科学出版社,2002.

[2] 纪芝信.职业技术教育学[M].福州:福建教育出版社,1997.

[3] 黄荣春.高等职业教育实训基地建设研究[D].福州:福建师范大学,2007.

[4] 黄旭.论高职共享型实训基地建设[J].职业技术教育,2004(21).

[5] 向江洪.高职院校实训基地建设研究[D].长沙:中南大学,2007.

[6] 姜大源.职业教育学研究新论[M].北京:教育科学出版社,2007.

[7] 付克影,万永红.高职院校实训中心的研究与实践[J].教育与职业,2008(24).

[8] 侯亚合.多元化的高职院校内实训中心建设思考[J].科技信息:科学·教研,2007(13).

[9] 李亚男,杜金玲.高职"理实一体化"教学模式与专业内涵建设[J].辽宁高职学报,2010(10).

[10] 张祥兰,许放.项目化课程改革中高职院校教师教学胜任力研究[J].高教探索,2009(6).

[11] 俞宁生.职业教育项目化课程开发研究[J].职教通讯,2005(7).

[12] 倪超.项目化课程教学实训中心建设的思考[J].科技信息,2005(35).

[13] 徐国庆.高职项目课程的理论基础与设计[J].江苏高教,2006(6).

[14] 杨成德.化工技术类项目化课程实践教学基地建设的策略[J].职业时空,2010(9).

[15] 张宝红.开拓创新,探索实验管理的新思想[J].实验技术与管理,2003(3).

[16] 陈炳和.以四个合一、六个结合新理念,构建高职化工实训基地建设模式[J].中国职业技术教育,2006(10).

[17] 王全胜.高校教学团队的组建及运行保障[J].甘肃联合大学学报:社会科学版,2009(5).

[18] 王召鹏,徐通泉.高职院校实训基地内涵建设的探索[J].实验技术与管理,2010(8).

[19] 方向红.高职化工实训基地文化建设的思考[J].实验技术与管理,2010(5).

[20] 续永刚,闫志波,赵晓平.高职实践教学环节评价标准和考核方式的研究[J].教育与职业,2009(2).

参 考 文 献

[21] 张健.职业教育的追问与视界[M].芜湖:安徽师范大学出版社,2010.
[22] 王祝华.高职实验实训室管理模式改革探索[J].中国教育技术装备,2008(12).
[23] 邱晓红.高职院校实验体系建设与管理[J].实验室研究与探索,2006(11).
[24] 朱晓红.高职院校实践教学体系建设中存在的问题及对策[J].开封教育学院学报,2006(2).
[25] 课题组.高职高专教育实践教学体系研究[J].河北大学成人教育学院学报,2008(3).
[26] 邱义臻.构建高职教育实践教学体系的思考[J].孝感职业技术学院学报,2002(3).
[27] 沈海东.高职院校实验实训管理模式探讨[J].宁波教育学院学报,2007(3).
[28] 刘冶陶.高职院校实验实训基地管理模式浅析[J].教育与职业,2008(8).
[29] 佟颖,白海会,吴晓荣.实验室信息化管理系统的设计与实现[J].现代教育技术,2008(2).
[30] 李叶青.浅谈实验室开放性建设与信息化管理系统的构建[J].广东化工,2009(10).
[31] 张秀宇,焦豪妍.高职高专院校实验室"专管共用"管理模式探索[J].科技资讯2009(9).
[32] 李香兰.以评估为契机,促进实验室的建设与发展[J].闽西职业技术学院学报,2007(2).
[33] 庞梅.以评促建全面推进实验室的建设和管理[J].科教文汇,2009(9).
[34] 刘锡建.化学实验室信息化管理系统的探索[J].计算机与应用化学,2009(5).
[35] 叶建立.利用信息化、网络化软件提高实验室管理水平[J].中国教育技术装备,2010(5).
[36] 李漪.引入ISO9000标准模式建立实验室管理体系[J].实验室研究与探索,2005(2).
[37] 粟加顺.ISO9000质量管理体系给高校重点实验室管理带来的思考[J].实验室技术与管理,2008(10).
[38] 肖军,林丽君,舒为清.让ISO9000质量管理体系标准融入高职院校实训管理[J].职教论坛,2008(8).
[39] 程天宝.实验教学示范中心引入ISO9000标准的管理要素探讨[J].实验室研究与探索,2006(9).
[40] 张桂文.在仪器分析实训教学管理中应用"6S"管理探讨[J].甘肃科技,2010(10).
[41] 刘延,姜红艳.推行"6S"管理,提高实训质量[J].管理学家,2010(4).
[42] 周立亚.创建绿色化学实验室的探讨[J].实验技术与管理,2010(6).
[43] 周亶,李学军,黄祖洪.构建绿色化学实验室之浅见[J].高教论坛,2007(1).

[44] 王玉峰,李斌,顾凤岐,等."低碳经济时代"高校化学实验室建设与管理的思考[J].实验室研究与探索,2010(7).

[45] 曾湘泉.变革中的就业环境与中国大学生就业[M].北京:中国人民大学出版社,2004.

[46] 陆刚兰.论高职学生职业素养的养成[J].中国成人教育,2008(24).

[47] 梁建军,孟飞.高职应用化工技术专业实践教学体系的构建与实践[J].化工高等教育,2009(6).

[48] 李科利.大学生职业素养培养现状及其应对策略[J].中国电力教育,2009(11).

[49] 张思林.中等职业学校学生安全生产意识的培养与安全生产技术能力的训练[J].辽宁教育行政学院学报,2008(12).

[50] 西安交通大学新闻网.论社会实践对大学生团结协作精神的培养功能[EB/OL].2008-03-13.

[51] 王车礼,冷一欣,等.化工类专业工程实践教学体系的构建与实践[J].化工高等教育,2005(4).

[52] 张红,齐再前,等.构建高职应用化学类专业实践教学体系[J].中国职业技术教育,2008(1).

[53] 王义遒,陈智,等.高职生人文教育提升职业竞争力[N].中国教育报,2009-04-04,第二版.

[54] 吴艳波,李浙齐,邹恩义.化学化工专业生产实习多元化实践教学探索[J].教育探索,2009(12).

[55] 段东红,刘世斌,郝晓刚,等.化工类本科专业课程体系实践性教学环节改革方案的探索与实践[J].化工高等教育,2007(1).

[56] 陈有双.化工专业开展实践教学的策略[J].广西轻工业,2009(9).

[57] 王淑波,钟俊文,王延金.独立学院化工专业实践教学途径的探索[J].广东化工,2009(11).

后 记

本书是笔者承担的 2010 年安徽省高校质量工程建设项目——省级示范实验实训中心建设项目(项目号:20101427)的阶段性成果。在写作过程中,或多或少地借鉴和参考了他人的一些研究成果,仓促之中并未一一标注出来,谨向诸位原作者表示谢意和歉意。没有他们的前期研究也就不会有本书今日的脱稿。由于笔者水平有限,对示范实验实训中心建设经验不足,书中难免存在诸多不妥甚至错误之处,恳请广大读者和同仁批评指正。

本书在撰写过程中,得到了安徽大学实验室与设备管理处处长谢安建教授以及化学化工学院沈玉华教授的指导和帮助;在编辑出版过程中,得到了中国科学技术大学出版社的热情支持,没有他们在炎炎夏日的辛苦劳动,本书不会在这么短的时间内付梓印刷。在此向他们表示衷心的感谢!同时还要感谢滁州职业技术学院的各级领导,感谢他们对本书出版的重视与支持;感谢滁州职业技术学院艺术设计系闻建强主任,在学院正在进行省级示范高职院校建设以及第三轮课程改革与专业建设如此繁忙之际,为本书的顺利出版提供了热情的支持与帮助;感谢我办公室的几位同事对书中的一些表格进行了绘制;感谢我的妻子,在我撰写本书过程中承担起了繁琐的家务和辅导孩子的任务,她的督促、关心和付出成为我研究的动力;更要感谢安徽省教育厅、财政厅省级示范实验实训中心专项建设经费的资助!

示范实验实训中心建设是一项系统工程,需要各级主管部门的关心与支持,需要众多教师的不断探索和长期奋斗。笔者将带领项目建设团队,尽最大努力把我院省级示范实验实训中心建设好、管理好。

梁建军

2011 年 6 月于滁州